KIRSTY EVERETT

Honig im Blut

Über die Autorin:

Kirsty Everett wurde 1981 in der australischen Stadt Caringbah geboren. Sie galt als vielversprechendes Gymnastiktalent, der Traum von einer Sportlerkarriere wurde jedoch jäh durch eine Leukämieerkrankung beendet. Heute arbeitet Kirsty Everett als Autorin und Aktivistin für Krebsvorsorge und -therapie. Eine olympische Goldmedaille hat sie nicht gewonnen, aber viel über Menschen, Freundschaft und Familienbande gelernt.

Kirsty Everett

HONIG IM BLUT

Meine Kindheit im Schatten der Leukämie

Aus dem australischen Englisch von
Simone Schroth

lübbe

Dieser Titel ist auch als E-Book erschienen.

Die Bastei Lübbe AG verfolgt eine nachhaltige Buchproduktion. Wir verwenden Papiere aus nachhaltiger Forstwirtschaft und verzichten darauf, Bücher einzeln in Folie zu verpacken. Wir stellen unsere Bücher in Deutschland und Europa (EU) her und arbeiten mit den Druckereien kontinuierlich an einer positiven Ökobilanz.

FSC www.fsc.org MIX Papier aus verantwortungsvollen Quellen FSC® C014496

Vollständige Taschenbuchausgabe

Deutsche Erstausgabe

Titel der australischen Originalausgabe: »Honeyblood«
Originalverlag: HarperCollins Publishers Ltd.

Textredaktion: Jakob Arnold, Düsseldorf
Titelillustration: © Plainpicture/Almag
Umschlaggestaltung: Tanja Østlyngen
Satz: hanseatenSatz-bremen, Bremen
Gesetzt aus der Adobe Garamond Pro
Druck und Verarbeitung: GGP Media GmbH, Pößneck
Printed in Germany
ISBN 978-3-404-61732-6

2 4 5 3 1

Sie finden uns im Internet unter: luebbe-sachbuch.de
Bitte beachten Sie auch: lesejury.de

*Für Peter James Everett und Benjamin Malesev –
die wirklich guten Männer.
Und für all die jungen Menschen, die nicht
mehr am Leben sind, weil sie der Krebs ihren
Familien geraubt hat. Ich kann euch nicht alle
in meinem Medaillon unterbringen, aber ihr
habt immer einen Platz in meinem Herzen.*

1. Kapitel: Nur für den Tag

»Oh, gut, da kommt Kirsty! Gleich werdet ihr staunen. Sie rollt sich immer perfekt zusammen und braucht keine Betäubung.«

Diese Art Termin wurde »Nur für den Tag« genannt, und das bedeutete, dass man lediglich tagsüber bei der Behandlung war, statt über Nacht im Krankenhaus zu bleiben. »Nur für den Tag« bestand aus einem großen Raum ganz am Ende einer Station. Ich weiß nicht, warum nicht alle ein eigenes Zimmer bekamen, denn zu dieser Zeit stand jedes zweite auf der Station leer und wurde nicht genutzt. Vielleicht wollte man uns Krebskids einfach alle an einem Ort haben.

»Nur für den Tag« bestand aus acht Betten, sieben davon Einzelbetten. In sechs von ihnen lag jeweils ein glatzköpfiges Kind, und das bedeutete, dass das siebte Bett für mich bestimmt war. Auf dem achten – direkt neben der Tür – fand die Behandlung statt. Auf diesem

Altar wurde unsere Unschuld den Krebsgöttern geopfert. Es war weniger ein Bett als eine kaum gepolsterte Bank, wie ein großes Bügelbrett. Daneben befand sich ein Vorhang, den man als Sichtschutz rundherum zuziehen konnte, sobald jemand auf der Bank lag.

Ich setzte mich auf das letzte freie Bett, holte ein Buch hervor – *Unreal* von Paul Jennings – und begann zu lesen. Mum knallte ihre Handtasche auf den Boden und holte die aktuelle Ausgabe der *Women's Weekly* heraus. Dann ließ sie sich in einem beigefarbenen Sessel neben mir nieder.

»Wo ist denn der Lutscher für Bradley? Wir sollten Kirsty bitten, Bradley mal zu zeigen, wie das Ganze funktioniert.«

Die Krankenschwester, die das sagte, hieß Karen. Karen war immer hier. Das strähnige lange Haar hing ihr als fettiges, verknotetes Durcheinander zu beiden Seiten des Gesichts herunter. Mum meinte oft, es sehe aus, als könne es »eine ordentliche Wäsche samt Trockenföhnen« gebrauchen. Karen hatte einen riesigen Hintern, der so heftig wackelte, dass er sie manchmal durchs Zimmer zu jagen schien. Dann ging sie mit schnellen Schritten auf eines von uns Kindern zu, und ihr Hintern merkte plötzlich, dass er nicht zurückbleiben durfte. Karen wühlte kurz in ihren Taschen und förderte dann einen roten Lolli zutage. Damit ging sie zu dem zweijährigen Bradley, der den Kopf zurückwarf, den Mund weit aufriss und einen schrillen Schrei ausstieß. Wie alle Kinder hier hatte Bradley eine Glatze.

Außerdem hatte er dunkelbraune Augen, geisterhaft blasse Haut und einen geschwächten, unterernährten Körper. Wahrscheinlich war es gut, dass man hier kein Fenster öffnen konnte, denn Bradley wäre vom ersten Windstoß davongeweht worden.

Seine Eltern standen machtlos und starr wie Statuen daneben, wie alle Eltern im »Nur für den Tag«.

»Wenn du ein braver Junge bist, bekommst du diesen Lolli«, verkündete Karen.

»Ich glaube, Karen hat es mit den Lollis selbst ein bisschen übertrieben«, murmelte Mum in meine Richtung, und wir kicherten diskret über Karens Hintern.

Jetzt begannen auch die fünf anderen Kinder zu schreien, genau wie Bradley. Der Chor heulender Krebskinder erfüllte das Zimmer. Ich saß still da, das Buch im Schoß, und gab keinen Ton von mir. In meinen Ohren schrillte es, und ich versuchte mich auf die Wörter im Buch zu konzentrieren, doch die Schreckensschreie ließen meine Hände zittern, und die Wörter sprangen wild auf der Seite umher.

»Dann müssen wir das Ganze wohl auf die harte Tour erledigen.« Karen steckte den Lutscher zurück in die Tasche und winkte eine weitere Krankenschwester heran. Als sich die zweite Frau näherte, schrie Bradley noch schriller. Er wusste, was jetzt kam. Wir alle wussten es. Gänsehaut breitete sich explosionsartig auf meinen Armen aus.

Karen versuchte, ihn hochzuheben. Er trat und schlug nach ihr, und schon hielt die zweite Krankenschwester seine Beine fest. »Komm schon, Bradley«, sagte Karen. »Mach es uns doch nicht so schwer.«

Einen Augenblick lang hielt Bradley inne, doch die anderen Kinder weinten aus Solidarität weiter. Als er das Behandlungsbett erreichte, wo eine Assistenzärztin auf ihn wartete, fing er an zu jaulen, als würde er ermordet. Das Schrillen in meinen Ohren wollte einfach nicht verstummen. Ich hörte ein Rauschen, als man den Vorhang um das Behandlungsbett zog. Jetzt konnten wir Bradley nicht mehr sehen, aber wir hörten ihn noch. Die anderen Kinder wurden still. Bradley lag jetzt auf dem Altar, und niemand von uns konnte ihm mehr helfen.

Ich hörte, wie die Ärztin sagte: »Kann ihm mal jemand eine Hand auf den Mund legen? Ich bekomme die Nadel nicht rein, wenn er so schreit.« Jemand tat es, doch ich konnte Bradley hinter der Hand immer noch schreien hören. Quälend langsam vergingen die Minuten. Der Vorhang öffnete sich. Bradley schrie nicht mehr, sondern schluchzte laut, als ihn sein Dad zu seinem Bett trug, während Karen die Infusionen am Ständer hinterherschob.

»Hier hast du deinen Lolli«, zwitscherte sie und hielt Bradley die Süßigkeit direkt vors Gesicht. Er griff danach und warf sie auf den Boden. »Wer ist als Nächstes dran?«

Das war nicht ich. Sie holten sich das jüngste Kind zuerst und arbeiteten sich dem Alter entsprechend hoch. Ich würde viel Zeit haben, zu lesen und den schrillen Schreien zu lauschen, bevor ich auf den Altar musste.

Eines nach dem anderen wurden die Kinder geholt und erhielten ihre Behandlung. Irgendwann kam Karen dann an mein Bett.

»Auf geht's, Kirsty. Du bist dran.«

Ich schwang die Beine über den Bettrand und ging auf den Foltertisch zu, Mum folgte mir. Karen zog ein sauberes Plastiklaken über das Bett. Ich benutzte den kleinen Schemel, um auf die harte Oberfläche zu kommen, und rollte mich sofort auf der Seite liegend zusammen, weil ich wusste, sie würden zuerst die Knochenmarkbiopsie durchführen, eine sogenannte »KMB«. Rasch zog Karen den Vorhang um das Bett. Mum stand am Fußende, um niemandem im Weg zu sein, doch sie achtete immer darauf, ihren Blick auf dieselbe Stelle zu richten wie ich. Sie wollte nicht sehen, was sie mit mir machen würden. Das hätte niemand sehen wollen. Der Vorhang war knallorange und mit Comicfiguren bedruckt – nicht mit Goofy oder Donald Duck, sondern mit seltsamen Kreaturen, die den beliebten Disney-Figuren nur entfernt ähnelten. Rote Lollis machten eine Biopsie nicht leichter, und blöde Comicfiguren auf einem Vorhang auch nicht.

Die Assistenzärztin stand direkt neben mir. Nahe genug, dass ich sehen konnte, wie ihre Hände zitterten. Sie wirkte sehr jung, wie ein Teenager. Ihr Gesicht war ganz weiß, und ein Schweißfilm glänzte darauf. Das kurze Haar stand ihr in Stacheln vom Kopf ab.

»Kirsty ist anders als die anderen«, erklärte ihr Karen. »Sie wird stillhalten. Sie braucht nicht einmal etwas zur Betäubung. Kirsty macht alles Cold Turkey.«

Die Augen der Ärztin weiteten sich, und sie gab ein ungläubiges Grunzen von sich.

»Sie ist ganz brav«, pflichtete Mum Karen bei. »Sie weiß, dass sie unbedingt stillhalten muss, und sie mag den Lachgasgeruch nicht.« Durch Karens und Mums Hilfe sah es so aus, als hätten wir die Ärztin zu etwa vierzig Prozent von meiner Fähigkeit überzeugt, still liegen zu bleiben, während man die unglaublich schmerzhaften medizinischen Prozeduren an mir durchführte. Und sie würde sich auf keine lange Diskussion einlassen. Lachgas kostete Geld. Wir schrieben das Jahr 1991, und manchmal gab es in »Nur für den Tag« nicht einmal Lachgas, deswegen mussten sie benutzen, was da war, um dem Entsetzlichen das Entsetzen zu nehmen – auch wenn das kaum half. Manchmal gaben sie einem Pethidin, das die Kinder in schlaffe Puppen verwandelte. Wenn es kein Pethidin gab, bekamen wir Promethazin.

Mit ihren kalten, schwieligen Händen schob Karen Stück für Stück meine Trainingshose herunter, sodass mein rechter Hüftknochen für die Ärztin freilag. Eine kalte Flüssigkeit wurde mir auf die Haut gespritzt, und ich spürte, wie sie mir den Rücken herunterlief und auf der Liege einen feuchten Fleck bildete. Es roch so stark nach Desinfektionsmittel, dass meine Augen zu tränen begannen. Während ich eine irre Micky-Maus-Version anstarrte, wurde eine kleine Plastikplane mit einer Aussparung von fünf Zentimetern Durchmesser über meinen Körper gebreitet. Das Loch befand sich genau dort, wo die Nadel in meine Haut dringen würde. Die Biopsienadel, die sie gleich in meinen Körper rammen würden, glänzte silbern und war ziemlich dick, etwa wie eine Tintenpatrone. Damit man das Knochenmark erreicht, muss die Nadel mit großer Wucht durch den Knochen gestoßen werden, und das tut unglaublich weh. Um die Patienten nicht zu großen Schmerzen auszusetzen, erfolgt das üblicherweise nach einer Betäubung, aber ich schien mir den Ruf erarbeitet zu haben, dass ich alles schweigend ertrug. Ich schrie nie, und ich lag immer ganz still, deswegen bekam ich nichts. Schritt eins meiner heutigen Behandlung würde gleich beginnen.

Die Ärztin rammte mir die Nadel in die Hüfte. Ich blinzelte, als mich der Schmerz durchfuhr. Es fühlte sich an, als verabreichte einem ein Blitz einen Wespenstich. Einige Tropfen Knochenmark wurden in einem Plastikröhrchen aufgefangen, und dann zog man langsam die Nadel aus mir heraus. Es brannte, als sie meinen Körper verließ. Das Plastiklaken mit dem Loch wurde heruntergenommen. Karen verteilte noch mehr Desinfektionsmittel über der Einstichstelle, wischte sie mit ein wenig Gaze ab und drückte mit dem Daumen ein kreisrundes Pflaster auf die Wunde.

Nun war es Zeit für Schritt zwei, die Lumbalpunktion, »LP« genannt – die Prozedur hinter dem Vorhang, die ich am schlimmsten fand. Bei einer Lumbalpunktion wird eine Nadel in die untere Wirbelsäule eingeführt. Man sammelt Rückenmarkflüssigkeit, und dann wird der Stoff für die Chemotherapie in die Wirbelsäule injiziert. Das machte man *sehr oft* mit mir.

»Schauen Sie sich das nur an«, kommentierte Karen. »Sie war Turnerin, bevor sie krank wurde. Darum kann sie sich so zusammenrollen.« Niemand reagierte darauf.

Dass man sich bei der Lumbalpunktion ganz fest zusammenrollt, ist wichtig, weil die Nadel zwischen die Wirbel platziert werden muss. Wenn man aufrecht steht oder gerade daliegt, sind alle Wirbel zusammengeschoben, aber wenn man sich zu einem Ball zusammenrollt, lässt man kleine Zwischenräume zwischen den Wirbeln entstehen. Ich umfasste meine Knie und rollte mich so gut wie nur irgend möglich zusammen. Die Ärztin berührte jetzt mit ihren eiskalten Fingern meine untere Wirbelsäule und drückte darauf herum, um einen Spalt zu finden, an dem sie mit der Nadel eindringen konnte. Dann hielt sie inne, und erneut verteilte Karen kaltes Desinfektionsmittel über meinem gesamten Rücken, sodass die Pfütze, in der ich lag, noch größer wurde. Ein weiteres Plastiklaken mit Aussparung wurde über meinen Rücken gelegt. Ich spürte, wie die zweite Nadel meine Haut durchdrang. Die LP-Nadel wird nicht in den Körper gerammt wie die Biopsienadel. Stattdessen drückt man sie ganz langsam hinein. Es ist sehr wichtig, dass sich der Patient oder die Patientin nicht bewegt, weil es sonst zu einer dauerhaften Schädigung der Wirbelsäule kommen kann.

»Festhalten!«, stieß die Ärztin plötzlich hervor.

»Aber sie bewegt sich nie.« Ich hörte die Stimme meiner Mum aus der Richtung meiner Füße, konnte sie aber nicht sehen. Ich hatte den Blick auf eine verzerrte Donald-Duck-Version gerichtet.

Die Ärztin ignorierte meine Mutter und wandte sich an Karen. »Können Sie bitte die Beine so festhalten, dass sie an der Brust bleiben?«

Karen trat an meine Seite und drückte auf meine Knie.

Zack!

Die Metallnadel stieß auf Knochen. Die Ärztin hatte danebengestochen. Sie würde es noch einmal versuchen müssen.

Ich starrte einfach den komischen Donald Duck an. Wieder stach die Ärztin in meine untere Wirbelsäule. Sie kam nicht weit, sondern traf erneut auf Knochen.

Eine Serie von Einschlägen wanderte meine Wirbelsäule hoch. Ich bewegte mich nicht. Auf meiner Oberlippe bildeten sich Schweißperlen. Die Ärztin hatte ihr Ziel ein zweites Mal verfehlt. Sie würde es immer wieder versuchen müssen, bis sie es hinbekam.

»Sie muss sich bewegt haben«, beschwerte sich die Ärztin.

»Versuchen Sie's einfach noch mal«, erwiderte Karen. »Kirsty macht es nichts aus, wenn es nicht gleich klappt.«

Ich war ein kompakt zusammengerollter Kugelkörper von einem Mädchen, und diese Ärztin versuchte immer und immer wieder, die Nadel richtig einzuführen. Mit jedem Mal tat es schlimmer weh, und jedes Mal, wenn sie auf Knochen traf, arbeitete sich ein furchtbar schmerzhaftes Gefühl meinen Rücken hoch. Heiße und kalte Schauer wechselten sich auf meiner Haut ab. Mein Gehör spielte mir einen Streich, und ich nahm plötzlich alles mit einem Echo wahr. Zwischen den Versuchen der Ärztin bewegte ich ganz vorsichtig meine Finger und Zehen. Das hatten uns die Krankenschwestern geraten, wenn es wehtat. Meine Wirbelsäule stand in Flammen, aber wenn ich meine Zehen und Finger behutsam bewegte, konzentrierte sich mein Gehirn auf etwas anderes. Ich durfte nicht zulassen, dass mich das Feuer in meiner Wirbelsäule überwältigte. Die Frau brauchte zwölf Versuche, bis Karen mit ruhiger Stimme vorschlug, jemand anderen dazu zu holen.

Karen machte sich auf die Suche, und die Ärztin seufzte laut und frustriert.

»Sie bewegt sich *doch*. Solche Probleme habe ich sonst *nie*.« Die Ärztin mit dem Stachelschweinhaar stürmte davon.

Plötzlich wurde der Vorhang vor mir aufgerissen, und es erschien ein dicker Mann mit rosigen Wangen, der roch, als hätte er in Kölnisch Wasser gebadet. Hinter ihm stand Karen.

»Ist es in Ordnung für dich, wenn ich es einmal versuche?« Er fragte mich um Erlaubnis!

»Geht in Ordnung«, gab ich zurück.

»Dann fühle ich erst mal vor.« Er zog die Plane mit dem Loch von meinem Rücken und presste seine dicken warmen Finger in meine untere Wirbelsäule. Dort pulsierte alles von den vergeblichen Versuchen. »Es tut mir leid, Kirsty, du hast jetzt sicher große Schmerzen. Okay, ich zähle jetzt bis drei, und dann probieren wir's noch mal. Eins, zwei, und drei!«

Bei »drei« stach er zu, und das tat schrecklich weh, doch er stieß nicht auf Knochen.

»Geschafft!« Er war ganz aufgeregt.

Ich atmete aus. Dabei merkte ich, dass ich die Luft angehalten hatte.

Er zählte die Tropfen meiner Rückenmarksflüssigkeit, als er sie in einem weiteren Plastikröhrchen auffing. Dann brachte er eine Spritze mit der chemischen Flüssigkeit an der Nadel an, die sich immer noch in meiner Wirbelsäule befand. »Wenn ich dir jetzt das Methotrexat verabreiche, wirst du glauben, du müsstest mal, aber ich verspreche dir, das wird nicht passieren. Es fühlt sich nur so an, weil ich einen hohen Druck auf deine Wirbelsäule ausübe, wenn ich dir das Medikament gebe. Okay?«

»Okay.« Dieses seltsame Phänomen kannte ich schon.

»Dann fange ich jetzt an.« Ein unsichtbarer Fuß in einem Stahlkappenstiefel stellte sich auf meine Blase. Mein ganzer Unterleib wurde von einem starken Stechen erfüllt. Meine Blase schrie förmlich auf. »Und jetzt ziehe ich die Nadel raus, drei, zwei, eins! Okay, gut gemacht.«

Jetzt blieb nur noch Schritt drei. Mein Körper wagte, sich ein wenig zu entspannen. Ich stützte mich vorsichtig auf und saß mit baumelnden Beinen auf dem Krebsaltar.

»Die Kanüle kann ich einführen!« Die Ärztin kehrte zurück, und ich versteifte mich wieder. »Jetzt muss das Mädchen aber stillhalten, damit ich auch eine Vene finde.«

»Also gut«, sagte der fröhliche LP-Guru. »Dann überlasse ich Ihnen wieder das Feld.« Ich spannte vor Verzweiflung Schultern und Hals an, als er davonging.

Karen verdrehte die Augen.

»Ich nehme ihren linken Handrücken, das ist am einfachsten für mich.« Sie packte mein Handgelenk und drückte darauf herum. Mit der anderen Hand schlug sie mir auf den Handrücken, damit die Venen besser an der Oberfläche erkennbar wurden.

»Kirstys Venen im linken Arm sind völlig kollabiert«, erklärte Karen leise.

»Ich finde schon eine.«

Die Ärztin umklammerte mein Handgelenk so fest, dass ich meinte, meine Hand würde explodieren. Jetzt schlug sie noch stärker auf meinen Handrücken. »Ich kann eine Vene erkennen«, verkündete sie, und dann legte sie den Anzug an.

Wenn jemand einem Chemopatienten eine intravenöse Injektion verabreicht, trägt er oder sie eine Art

Raumanzug. Das ist ein langärmliger Kittel, der den ganzen Körper und die Arme bis zu den Handgelenken bedeckt. Auf den Kopf setzt man sich eine dieser medizinischen Kappen, die wie Badekappen aussehen. Dann noch zwei Paar Handschuhe. Mund und Nase kommen hinter eine Maske. Der Grund dafür ist, dass Chemoflüssigkeit wie Säure wirkt, und wenn sie die Haut berührt, kann sie einem richtiggehend die Haut verbrennen. Der Patient oder die Patientin jedoch – in diesem Falle ich – wird überhaupt nicht abgedeckt.

Die Ärztin verteilte grob Desinfektionsmittel auf meinem Handrücken und setzte die Nadel an. Das Ganze fühlte sich an wie ein ausgedehnter Bienenstich, und ich wusste sofort, dass sie die Vene verfehlt hatte. Wenn es gut funktioniert, schießt Blut heraus. Aber da floss nichts. Mir troff der Schweiß von der Stirn.

»Ich weiß, da *ist* eine Vene«, sagte die Ärztin. Sie fuhr fort, die Nadel zu bewegen, hin und her, versuchte, in die Vene zu kommen. Unter meiner Haut brannte der Schmerz. Sie hatte die Vene wieder verfehlt, und wir alle wussten das, aber niemand sagte etwas. Ich weinte nicht und bewegte mich auch nicht. Gerne würde ich berichten, dass dies der einzige Tag war, an dem die Ärztin ihre Arbeit nicht besonders gut machte. Aber so lief es *jedes Mal* ab. Ich kann mich nicht erinnern, dass irgendein Assistenzarzt jemals beim ersten Versuch eine Vene in meinem Körper gefunden hätte.

Die Ärztin schwankte ein wenig. »Kann sie mal jemand festhalten? Mir ist ein bisschen schwindlig.«

Schnell zog Karen Handschuhe über und kümmerte sich um die Nadel. Gerade noch rechtzeitig, denn plötzlich fiel die Ärztin ohnmächtig um. Personal eilte herbei, sammelte sie auf und brachte sie nach draußen. Sobald das geschehen war, zog Karen die Nadel heraus und presste einen Wattebausch auf die Wunde. Ich war erleichtert, weil ich die Nadel nicht mehr am Handrücken hatte, wusste aber, dass ich immer noch meine intravenöse Chemobehandlung brauchte, sonst wäre ich nicht fertig für heute.

Mehrere andere Assistenzärzte betraten den Raum, alle versuchten es mit der Vene, aber niemand schaffte es. Manche probierten beide Handrücken, manche das Handgelenk, und wieder andere die Mitte meines Arms. Niemand hatte Erfolg, und ich fragte mich langsam, ob ich jetzt wohl nach Hause durfte. Nach vierzehn vergeblichen Versuchen erschien plötzlich der fröhliche dicke Mann, der meine Lumbalpunktion so erfolgreich erledigt hatte.

»Wie wär's, wir suchen uns eine Vene, und du kannst nach Hause?«, schlug er vor.

»Ja, bitte«, antwortete ich.

Er schaute sich meine Arme und Hände an, die inzwischen mit Stichen übersät waren, und dann glitt sein Blick an meinem Bein hinab, bis er bei meinen Füßen anlangte. Er nahm meinen rechten Fuß in seine großen warmen Hände. Mit einer Hand umfasste er meinen Knöchel und klopfte vorsichtig auf den oberen Teil meines Fußes. »Ich sehe hier ein paar gute, dicke Venen.

Das wird anders wehtun als bei deinen Armen und Händen, aber diese Venen sind richtig saftig, also werde ich die Kanüle schnell und ohne Probleme reinbekommen. Was meinst du?«

Ich nickte. Inzwischen war mir alles egal. Ich wollte einfach Schritt drei hinter mich bringen und weg von hier.

Er zog sich den Chemoraumanzug an, tropfte ein kleines bisschen Desinfektionsflüssigkeit auf meinen Fuß und sagte dann: »Eins, zwei, drei!« Er stach die Nadel in meinen Fußrücken. Er hatte nicht gelogen. Es fühlte sich anders an als sonst – viel schmerzhafter. Sofort schoss dunkles Blut heraus. Ich genoss meine Erleichterung. Er hatte die Nadel sofort in die Vene bekommen. Das Stechen hörte auf, und er schraubte eine Spritze an. Dann injizierte er etwas Salzlösung in die Vene. Ich spürte, wie etwas Kaltes meinen Fuß durchflutete.

»Und jetzt das Vincristin«, kündigte er an. Vincristin erhielt ich oft. Diese klare Flüssigkeit kam in einer großen Spritze. »Das wird sich kalt anfühlen, weil es gerade erst aus dem Kühlschrank geholt wurde, und wenn ich es injiziere, wirst du einen starken Metallgeschmack im Mund spüren.« Nun fühlte es sich so an, als breitete sich Eis unter meiner Haut aus, und auf meiner Zunge gab es eine wahre Speichelexplosion. Es war, als hätte ich ein Bonbon aus bitterer Orangenschale im Mund.

Er zog die Nadel heraus, und mein Körper sackte vor

Erleichterung und Erschöpfung in sich zusammen. Er klebte mir ein Pflaster auf den Fuß und hob mich vom Bett. »Geschafft! Das hast du sehr gut gemacht.«

»Sie sind einfach großartig«, gab ich zurück. Lachend winkte er mir zum Abschied zu.

Die Heimfahrt von »Nur für den Tag« bestand aus einem Nebel des Unwohlseins, und ich hörte zu, als Mum schief bei Chers Hit *If I Could Turn Back Time* mitsang.

Ich schaute auf die Uhr am Armaturenbrett. Schon 16:37 Uhr. Den ganzen Tag hatte ich nichts gegessen, aber Hunger hatte ich keinen. Ich spürte allmählich die Chemomedikamente. Mein Inneres summte und schmerzte gleichzeitig, und ich merkte, vielleicht würde ich mich übergeben müssen. Ich konnte die Desinfektionsflüssigkeit riechen, die man über meinem Rücken, meiner Hüfte und meinen Armen verteilt hatte. Meine Kleidung stank nach Krankenhaus.

Sobald wir zu Hause ankamen, schlurfte ich zur Wohnzimmercouch und warf mich neben meinen fünfjährigen Bruder. Matthew hatte den Blick starr auf den Fernsehbildschirm gerichtet. Ich riskierte einen kurzen Blick auf meinen Körper. Meine Hände und Arme wirkten durchsichtig, und die Einstiche der Nadeln in meinen Armen, Händen und Handgelenken bildeten schon blaue Flecken aus. Mein ganzer winziger zehnjähriger Körper war von Blau und Lila in verschiedenen Schattierungen bedeckt, und da gab es auch übel aussehende Gelbtöne! Jedes einzelne Nadelstichloch war von seinem eigenen Kreis aus Farbe umgeben. Ich legte mich auf die linke Seite, schob mir ein Kissen unter den Kopf und richtete den Blick auf die *Teenage Mutant Ninja Turtles*, die auf dem Fernsehbildschirm den bösen Shredder besiegten. Dank sei Gott für die Erfindung des Fernsehens.

Plötzlich spürte ich, wie mir heißer, flüssiger Rotz aus den Nasenlöchern quoll. Es war, als hätte man in meiner Nase einen Hahn aufgedreht. Ich wischte mit dem Handrücken darunter herum, doch als ich hinsah, stellte ich fest, dass er mit Blut bedeckt war.

»Matt«, sagte ich. »Ich brauche Taschentücher.«

Mein Bruder sprang auf, und seine braune Haut verfärbte sich grau, als er rasch nach einer bereitstehenden Schachtel griff. »Mum!«, rief er. Ich hörte die Angst in seiner Stimme.

Immer wieder zog Matt eine ganze Handvoll Taschentücher aus der Schachtel und gab sie mir, und ich durchweichte sie sofort mit meinem Nasenbluten. Die Taschentücher reichten nicht, und inzwischen wirkte Matt ganz grün um die Nase.

Mum stand im Türrahmen und schaute um die Ecke. »Scheiße.« Sie verschwand, kam mit einem großen Badetuch zurück und half mir, es vor mein Gesicht zu halten.

Armer kleiner Matt, dachte ich. *Es ist nicht richtig, dass er seine große Schwester so bluten sehen muss.*

»Das liegt einfach daran, dass du nach der Chemo von heute weniger Blutplättchen hast«, erklärte Mum.

»Wahrscheinlich wirst du morgen eine Blutplättchentransfusion brauchen.«

Matt saß bei mir, und wir warteten darauf, dass das Nasenbluten aufhörte. Das tat es immer irgendwann. Ich hatte einen weiteren Aufenthalt im »Nur für den Tag« überlebt.

2. Kapitel: Vorher

Mit ihren muskulösen Armen zog Mum den Plastikkamm durch mein langes, dickes Haar. Die Leute sagten mir immer, ich sei erdbeerblond, dabei hatte mein Haar gar keine Erdbeerfarbe.

»Als ich neunzehn Jahre alt war, hatte ich auch so langes Haar«, erzählte Mum.

»Wirklich? So langes wie ich?« Ich schaute auf ihre kurze schwarze Dauerwelle. Das konnte ich mir einfach nicht vorstellen. Meine *Mum* mit langem Haar. Mir war zum Lachen zumute, als ich mir das auszumalen versuchte.

Wir saßen im hinteren Garten in der Morgensonne, obwohl Winter war. Mum flocht mir die Haare zu Zöpfen, denn heute war ein wichtiger Tag für mich. Heute sollte ich den Staat New South Wales bei einem Turnwettbewerb vertreten. Mit dem Turnsport hatte ich im Alter von vier Jahren angefangen. Mein Körper stellte eine schlaue Verbindung aus meiner Mum und meinem Dad dar. Durch Mums DNA bekam ich meine robuste Stärke. Durch Dads DNA erhielt ich Fokus und Entschlossenheit. Mein Körper schien mit jeder Herausforderung zurechtzukommen, die man an ihn stellte, ob es darum ging, in den Spagat zu gleiten oder am Barren zu schwingen, während ich den Körper mit ausgestreckten Armen und nach unten deutenden Zehen in einer geraden Linie hielt. Ich konnte im Handstand bleiben, nachdem alle anderen Mädchen schon aufgegeben hatten und hingefallen waren. Ich konnte ein Rad nach dem anderen schlagen, und Salti rückwärts und Purzelbäume, ohne dass mir schwindlig wurde. Diese Übungen versetzten mich jedes Mal in ein Hochgefühl, und es war so, als könnte jede einzelne Zelle in meinem Körper nur ganz lebendig sein, wenn ich ihn durch alle möglichen Übungen bis an seine Grenzen forderte.

Ich war neun Jahre alt und wollte olympische Turnerin werden. Die Beste wollte ich werden. Von Wettbewerben kam ich nie ohne eine Medaille nach Hause, und heute war ich fest entschlossen, mir die Goldmedaille zu holen.

»Autsch!« Ein Knoten im Haar. Mit einem beherzten Zug erledigte Mum das Problem. Ganz kurz spürte ich einen Schmerz auf der Kopfhaut. Mum flocht mir zwei Zöpfe und verwendete dabei grüne und goldene Bänder, damit meine Frisur zu meinem Turnanzug passte.

Ich schaute an meinen Beinen herunter, und dabei hoffte ich, dass ich durch die Sonne keine neuen Sommersprossen bekam. Meine Beine sahen blass und dünn aus, außerdem waren viele kleine blaue Flecke darauf zu sehen – ganz runde Markierungen in Blau- und Lilatönen.

»Schade, dass deine ganzen Arme und Beine damit so voll sind«, kommentierte Mum, als sie den Kamm neben sich ins Gras legte.

»Solche blauen Flecke haben alle beim Turnen. Das kommt einfach, weil wir so hart trainieren.«

Mum wirkte nicht so, als würde sie mir glauben. »Hast du Kopfschmerzen? Du siehst müde aus.« Mit einem Blick inspizierte Mum rasch meinen ganzen Körper. Sie war auf der Suche nach etwas.

»Ja.« Lieber hätte ich gelogen, aber das merkte sie immer sofort.

»Kopfschmerzen bei Frauen, das liegt bei uns in der Familie. Hoffentlich verwächst sich das bei dir«, meinte Mum. Aber sie schaute besorgt aus. »Ich muss nur noch meine Schuhe anziehen, dann können wir los.«

Sie ging ins Haus und trat dabei kräftig mit den Fersen auf, wie sie es immer tat. Ich schloss die Augen und richtete mein Gesicht nach oben. Einige Sekunden lang fühlte es sich herrlich an, wie die Sonne meine blasse, sommersprossige Haut küsste. Ich holte tief Atem. Jedenfalls versuchte ich es. Beim Einatmen konnte ich spüren, dass es die Luft nicht ganz bis in meine Lungen schaffte. Ich umfasste meine Beine und legte einige Sekunden lang den Kopf auf die Knie. Meine Kopfschmerzen fühlten sich an, als wollten sie sich mit

Faustschlägen einen Weg aus meinem Schädel bahnen. Klopf, klopf, klopf. Bei jedem Herzschlag hallten die Kopfschmerzen nach.

Ich muss mich zusammenreißen.

Ich hob den schweren Kopf und öffnete die Augen. Mein zwölfjähriger Bruder, Brett, und Matt saßen im Gras neben mir.

»Was machst du denn da?«, fragte Brett.

»Gar nichts. Ich sitze einfach nur da«, gab ich zurück. »Ich habe Kopfschmerzen, und ich bin nervös wegen heute.«

»Ich habe Kopfschmerzen, und ich bin nervös wegen heute!«, äfften sie mich nach.

»Lasst mich bloß in Ruhe.«

Für zwei Jungen, die so unterschiedlich aussahen – der rothaarige Brett mit seinen Sommersprossen, Matt mit seinem tiefschwarzen Haar und dem olivfarbenen Teint – wenn es darum ging, sich über mich lustig zu machen, waren sie auf einer Wellenlänge.

»Lasst Kirsty in Ruhe!«, brüllte meine sechzehnjährige Schwester Danielle von der Hintertür aus. Was das Aussehen betraf, glich Danielle Brett, denn sie hatte kupferfarbenes Haar und Sommersprossen, aber sie war nie gemein zu mir und beschützte mich vor meinen Brüdern, wann immer sie konnte.

Für weitere Streitereien blieb keine Zeit, weil Mum wieder in den Garten kam. »Also gut, Jungs, benehmt euch heute«, wies sie die beiden an, als wir uns auf den Weg zur Vorderseite des Hauses machten. »Wenn ihr das hinbekommt, können wir heute Abend was beim Chinesen holen.«

»Au ja, lecker!«, rief Matt. »Auch Krabben in Honig?«

»Das sehen wir dann«, sagte sie. Mums »Das sehen wir dann« bedeutete üblicherweise »Nein«.

Dad umarmte mich. Bei Dad gab es zwei Regeln für das Umarmen. Erstens: Ich kann eine Umarmung bekommen, wann immer ich will. Zweitens: Er lässt als Erster los. Umarmungen von Dad waren die besten.

Während ich Dad ganz fest drückte, atmete ich seinen Duft ein. Er roch nach Zahnpasta.

»Alles Gute, Kirsty, viel Glück«, riefen Danielle, Brett und Matt im Chor.

Ich lächelte, obwohl in meinem Schädel noch immer die Kopfschmerzen hämmerten.

Rückwärts fuhr Mum unseren weißen Mitsubishi aus der Einfahrt, und vom Vordersitz aus schaute ich zu, wie Matt und Brett im Vorgarten herumrannten. Sie schubsten sich. Das taten sie ständig. Bei diesem Spiel ging es darum, den anderen so heftig wie möglich zu schubsen. Verloren hatte, wer zuerst auf dem Hintern landete.

Als Mum unser Familienauto auf die Straße lenkte, brüllten Matt und Brett aus vollem Hals: »Viel Glück bei der Gymspastik!«

»Kleine Mistkerle«, murmelte Mum.

* * *

Ich lächelte so breit, dass mir die Kiefer wehtaten. Fremde drängten sich um mich herum, schüttelten mir die Hand und gratulierten mir. Dann schob sich ein Mann mit gigantischen Muskeln durch die Menge und nahm meine Hand in seine riesige Erwachsenenhand.

»Du hast heute etwas ganz Außerordentliches geleistet, und ich denke, es wäre eine sehr gute Idee, wenn du zum Trainieren zu mir kommst. Würdest du gern bei Olympia mitmachen?«

Ich bekam nur ein Nicken zustande. Dabei konnte ich es gar nicht glauben. Nicht nur hatte ich eine Goldmedaille gewonnen, sondern der Mann, von dem wir alle wussten, dass er Mädchen für die Olympiade trainierte, meinte, ich solle olympische Turnerin werden.

»Hier ist meine Karte. Sag deiner Mum oder deinem Dad, sie sollen mich nächste Woche anrufen, damit wir uns unterhalten können, okay?«

»Okay, vielen Dank.«

Heute ist der schönste Tag meines Lebens!

Als wir nach Hause kamen, gratulierten mir Brett und Matt nicht zu meinem Sieg. Dafür freuten sie sich sehr, dass es wirklich Chinesisch zum Abendessen geben würde. Sogar Krabben in Honig.

Während des ganzen Essens durchzuckten mich immer wieder Kopfschmerzen. Die hatten den ganzen Tag nicht nachgelassen, und jetzt spürte ich auch noch ein Kribbeln in Händen und Füßen. Ich hatte keinen Appetit und bekam nur ein paar Mundvoll gebratenen Reis und eine Frühlingsrolle herunter, obwohl ich während des Wettbewerbs überhaupt nichts gegessen hatte. Meine Mutter hatte gemeckert, weil ich die Vegemite-Brote und den Apfel nicht wollte, die sie für mich mitgenommen hatte.

»Du isst aber doch noch etwas?«, erkundigte sich Mum, und dabei erschien ein besorgtes Stirnrunzeln zwischen ihren Augenbrauen.

»Tut mir leid, Mum. Ich habe keinen Hunger. Ich bin sehr müde und will nur noch ins Bett.«

»Ins Bett?!«, rief Brett. »Es ist doch erst halb sieben, wer geht denn so früh ins Bett? Du bist wirklich komisch.«

»Brett ...«, warnte ihn Dad.

Sofort hielt Brett den Mund.

»Bevor du dich hinlegst, möchten dein Vater und ich dir noch etwas geben«, sagte Mum.

Ich war überrascht. Normalerweise bekamen wir nur an Geburtstagen und zu Weihnachten Geschenke. Dad hielt mir eine kleine weiße Schachtel hin.

»Was ist denn das?«, wollte ich wissen.

»Du hast in letzter Zeit sehr hart trainiert, und da dachten wir, wir schenken dir etwas, damit du weißt, wie stolz wir auf dich sind«, erklärte Dad.

Ich öffnete die Schachtel. Darin lag ein zierliches herzförmiges Silbermedaillon mit einer winzigen Blumengravur. Innen drin gab es Platz für ein Foto. So ein Medaillon hatte ich mir schon immer gewünscht.

»Hoffentlich hebst du das auf, bis du ganz erwachsen bist. Dann kannst du das Foto von jemand ganz Besonderem darin aufbewahren.« Dad nahm das Medaillon aus der Schachtel und legte mir die Kette um den Hals.

Eine Goldmedaille, ein Medaillon und ein olympischer Traum, der in Erfüllung geht, alles an einem Tag.

Ich legte die Visitenkarte des Coaches unter mein Kissen, und als ich ins Bett ging, hatte ich das Medaillon und die Medaille um den Hals. Obwohl in meinem Schädel ein Tier zu toben und an meinem Gehirn zu kratzen schien, fühlte ich mich wie ein Champion.

3. Kapitel: Die Diagnose

Ich hatte mich unsterblich in einen Jungen namens Amos verliebt, der neu in meine Klasse gekommen war, die vierte Klasse von Mr. F. An seinem ersten Tag tanzte er für die ganze Klasse zu einem *Vanilla Ice*-Song. Er hatte blondes Haar, blaue Augen und einen winzigen goldenen Ohrring im linken Ohr. Er konnte sehr gut zeichnen, und im Kunstunterricht starrte ich immer wieder auf seine Hände. Ich war unglaublich fasziniert davon, wie er einfach irgendetwas oder irgendjemanden anschaute und das Gesehene dann in einer Zeichnung festhielt. Das konnte er mit beiden Händen. Mit der rechten oder der linken. So jemand war mir noch nie begegnet. Einmal nahm ich einen Bleistift in die linke Hand und versuchte, meinen Namen zu schreiben, aber dabei kam nur wackliges Gekrakel heraus. Wie machte er das nur?

Natürlich hatte Amos keine Ahnung, dass ich ihn mochte. In der Grundschule erzählt man niemandem davon, wenn man sich verknallt hat, und außerdem muss man so tun, als würde man den Jungen hassen, den man in Wirklichkeit so gerne küssen würde.

Am Montag trug ich die Goldmedaille und mein neues Silbermedaillon in der Schule. Mit einem Gefühl, als würde ich innerlich glänzen, betrat ich den Raum mit den Schultaschen, um meine Buntstifte zu holen, und ich freute mich, als ich dort Amos antraf, obwohl er nicht allein war. Kathy aus meiner Klasse war ebenfalls dort. Doch als ich den Reißverschluss meines Rucksacks aufzog, spürte ich, wie sich die Härchen auf meinen Unterarmen aufrichteten. Irgendetwas stimmte hier nicht.

»Du bist ein fettes Schwein!«, brüllte Amos Kathy an.

Kathy fing an zu weinen. Ich war entsetzt, weil Amos sie so beschimpfte.

»Lass sie in Ruhe!«, schrie ich.

Amos packte mich bei den Schultern. Er grub seine Finger in meine Haut und stieß mich rücklings gegen einen Schrank. Mein Kopf wurde zurückgeschleudert und schlug heftig gegen das Holz. Noch nie hatte ich mir so schlimm den Kopf angeschlagen. Meine Brüder packten und knufften mich die ganze Zeit oder stießen mich herum, aber das tat nie *richtig* weh. Amos hatte mir gerade *richtig* wehgetan.

Der Raum um mich herum verschwand. Erst wurde alles schwarz, dann dunkellila, und dann konnte ich wieder sehen. Es klingelte mir in den Ohren. Amos presste seine Stirn an meine. Ich konnte spüren, wie sich an meinem Hinterkopf rasch eine Beule bildete. Amos hielt mich gegen den Schrank gepresst, als wäre er ein Riese und ich nur ein wehrloser Käfer. Seine blauen Augen wirkten, als stünden Tränen darin.

Warum sieht er so aus, als würde er gleich weinen, wo er sich doch so gemein verhält?

Er ließ mich los und taumelte ein paar Schritte zurück. Dabei wischte er sich mit den Fäusten die Tränen weg, damit wir Mädchen sie nicht entdeckten. Ich rieb mir den Hinterkopf. Da war kein Blut, aber eine eiförmige Beule. Ich sah zu, wie Amos wegging. Seine Schritte hallten, als er den Raum verließ. Es sah aus, als wäre er ganz wacklig auf den Beinen, aber meine Augen funktionierten noch nicht richtig. Ich kniff sie zu und öffnete sie wieder, und dadurch hörte die Welt zu wackeln auf.

Kathy schniefte vor sich hin. »Bist du in Ordnung?«

»Ja …«, gab ich zurück. »Wir sollten das hier Mr. F. erzählen.«

»Kommt nicht infrage!«, rief sie. »Dann wird Amos sagen, wir hätten ihn verpetzt.«

Ich wusste, dass Kathy recht hatte. Wir gingen zurück ins Klassenzimmer und setzten uns. Amos starrte mich über mehrere Tische hinweg an, und das eine Ewigkeit lang. Unsere Entscheidung, ihn nicht zu verpetzen, war richtig.

* * *

Wir wohnten nicht weit von der Schule weg, aber heute kam mir die Entfernung vor wie ein sich ewig langstreckender Tunnel. Ich hatte immer noch eine Beule am Hinterkopf. Meine Augen fühlten sich an, als wären sie zu groß für ihre Höhlen. Meine Schuhe schienen bei jedem Schritt aus Backsteinen zu bestehen. Jetzt hatte ich sogar noch mehr blaue Flecke als gestern.

Etwa zwanzig Meter vor dem Ziel spürte ich plötzlich, dass ich mich übergeben musste. Unsicher versuchte ich zu rennen, aber mein Körper wollte meinem Gehirn nicht gehorchen. Meine Schultasche zog mich nach unten. Ich konnte nicht richtig Luft holen. Meine Knochen waren wie aus Eis, und gleichzeitig brannte meine Haut förmlich.

Was ist nur los mit mir?

Irgendwie schaffte ich es nach Hause und bis ins Bad. Dort riss ich die Klobrille nach oben und übergab mich heftig ins blaue Wasser. Ich kniete vornübergebeugt vor der Toilette und spuckte und spuckte. Bald war nichts mehr in meinem Magen, also quälte ich mich durch den vergeblichen Würgereiz. Es tat sehr weh. Mit beiden Händen hielt ich mir den Bauch, der ganz verkrampft war. Tränen und Rotz liefen mir übers Gesicht. Etwas von der Flüssigkeit war mir bis ins Haar gespritzt. Ich hatte keine Zeit gehabt, es mir aus dem Gesicht zu streichen.

Ich ließ mich neben der Toilette auf den Hintern sinken, wollte nach Mum rufen, doch es war wie in einem dieser Träume, in denen man zu schreien versucht und trotzdem keinen Ton herausbringt. Noch einmal. Diesmal gelang mir ein Laut, aber der war zu kraftlos. Während mein Kopfweh förmlich explodierte und ich mir den schmerzenden Bauch hielt, nutzte ich mein letztes bisschen Kraft.

»Mum!«

Bumm! Bumm! Bumm! Mums Schritte näherten sich, und ich hörte, wie sie aus der Waschküche kam. Sie erschien im Türrahmen.

»Was ist denn los? Du siehst ja schrecklich aus! Warum bist du *so* nach Hause gelaufen? Ich hätte dich doch abholen können.«

»Mir tut der Bauch *ganz schlimm* weh. Ich habe jetzt schon seit ein paar Tagen Kopfschmerzen, und sie gehen einfach nicht weg.«

Mum nahm schnell einen Waschlappen, hielt ihn unter den Kaltwasserhahn und drückte ihn mir aufs Gesicht. »Wie schlimm sind denn die Bauchschmerzen? Und wie fühlen sie sich an?«

»Als würde mir jemand mit einem Messer in den Bauch stechen.«

Sie schaute mir ins Gesicht und starrte dann die blauen Flecke auf meinen Beinen an. »Ich glaube, wir fahren besser ins Krankenhaus. Vielleicht muss ja dein Blinddarm raus.«

Der Blinddarm! Eine ziemlich ernste Sache.

Ich wusste, was ein Blinddarm war und dass Leute manchmal ganz plötzlich eine Operation brauchten, bei der er ihnen herausgenommen wurde. Aber ich hatte keine Angst. Ich wollte mich einfach nur besser fühlen.

Ich muss gesund sein, damit ich mit dem Training für Olympia anfangen kann.

* * *

Dad trug mich in den Warteraum der Notaufnahme des Sutherland Hospital. Meine Goldmedaillenbeine versagten, und ich konnte die Augen nicht länger als ein paar Sekunden aufhalten. Ich spürte, wie Dad mich vorsichtig auf einen harten Plastikstuhl setzte. Dann hörte ich, dass eine der Krankenschwestern zu uns kam.

»Wie lange hat sie denn schon so viele gelbe und blaue Flecke?«, wollte die Schwester wissen.

»Sie treibt Turnsport, deswegen hat sie die oft, aber während der letzten paar Wochen scheint es schlimmer geworden zu sein«, hörte ich die Erklärung meiner Mutter. Ich spürte, wie sie mich mit ihren warmen Händen berührte, und dann waren da die kalten Hände der Schwester, die meine Arme und Beine anhob, um sich alles genauer ansehen zu können.

»Und diese gelbe Haut? Wie lange sieht sie schon so gelb aus?«

»Ich weiß es nicht«, antwortete Mum. »Es ist mir nicht aufgefallen – erst jetzt, weil das Licht hier drinnen anders ist. Was bedeutet das denn? Ist das etwas Ernstes?«

»Ich glaube, Sie fahren lieber direkt ins Prince of Wales Children's Hospital in Randwick. Warten Sie hier, dann spreche ich mit einem der Ärzte.«

Ich hörte, wie sich ihre Fußtritte entfernten, und spürte Dads Arm um meine Schultern. Er versuchte, mich auf dem Stuhl aufrecht zu halten.

Dann hörte ich, wie eine Männerstimme fragte: »Wie heißt sie?«

»Kirsty«, sagte Mum.

Ich spürte, wie ein weiteres Paar Hände vorsichtig meine Arme und Beine für eine kurze Untersuchung anhob.

»Die Schwester hat recht, Sie sollten Kirsty ins Prince of Wales bringen. Sie können sie selbst fahren, oder wir organisieren einen Krankenwagen.«

»Wir fahren selbst«, entschied Dad. »Gibt es irgendeinen besonderen Grund dafür, dass Sie sie hier nicht aufnehmen können?«

»Das könnten wir schon, und ein paar Tests sind auch möglich, aber das Krankenhaus in Randwick ist auf Kinder spezialisiert, und ich denke, dort ist man besser ausgestattet und kann schneller herausfinden, was Ihrer Tochter fehlt. Ich rufe jetzt dort an und sage Bescheid, dass Sie kommen.«

Dad hob mich hoch und trug mich zum Wagen. Er legte mich auf den Rücksitz und schnallte mich an. Ich fühlte mich, als wäre die Welt um mich herum aus flüssiger Baumwolle, und nur hin und wieder drang plötzlich etwas zu mir durch. Selbst unser Familienauto, bei dem man normalerweise das Schalten sehr laut hörte, war auf der ganzen Fahrt ruhig. Dann wurde ich wieder getragen und hörte ein Stimmengewirr von fremden Leuten. Sie alle klangen, als hätten sie es schrecklich eilig.

»Gleich hier durch, bitte.«

»Und jetzt das Betäubungsgas.«

»Wir müssen ihr Blut abnehmen, und wir brauchen eine LP und eine KMB.«

»Dann lieber eine Vollnarkose. Das braucht sie wirklich nicht wach durchzustehen.«

Wovon reden die alle?

Dads Arme legten mich auf einer harten Liege auf die Seite.

»Kirsty, jetzt musst du ganz, ganz tief einatmen.« Man schob mir eine Gummimaske über Mund und Nase. Klebrige, süße und zugleich salzige Luft kroch aus der Maske in meinen Körper. Durch die komische Luft fühlte ich mich, als würde ich davonschweben.

»Die Eltern sollen draußen warten. Das hier ist wirklich kein Anblick für sie«, hörte ich jemanden sagen, und dann wurde alles dunkellila.

* * *

Ich wachte in einem Krankenhausbett auf. In meiner Hand hatte ich eine mit Klebefilm befestigte Nadel. Ein langer, mit Blut gefüllter Schlauch lief von der Nadel zu einem weichen Plastikbehälter an einem Metallständer.

Im unteren Rücken und in der rechten Hüfte spürte ich einen stechenden, pulsierenden Schmerz.

Was haben die mit mir gemacht, während ich geschlafen habe? Irgendwie fühle ich mich besser, aber auch, als würde in mir drinnen trockenes Gingerale blubbern und brodeln. Wahrscheinlich darf ich bald nach Hause, dann kann ich wieder zur Schule und zum Turnen.

Meine Eltern kamen ins Zimmer. Sie sahen komisch aus und wirkten nervös.

Wahrscheinlich finden sie es schrecklich, dass ich einen Schlauch in mir habe.

»Wir gehen nur ein paar Schritte über den Flur. Da gibt es Leute, die mit dir sprechen möchten«, verkündete Mum.

Eine Schwester koppelte die Infusion ab und half mir aus dem Bett.

Ich kann meine Beine wieder bewegen! Sicher haben sie mir geholfen, nachdem sie mir die Narkose gegeben haben.

Die Schwester schob den Infusionsständer neben mir her, während ich über den Flur ging.

Das Zimmer am anderen Ende des Korridors war vollgestellt mit alten braunen Sofas, die man aufklappen und in Betten verwandeln konnte. Sie rochen eklig, nach einer Mischung aus Schweißfüßen und Achselschweiß mit Desinfektionsmittel. Ich musste mich auf eines dieser ekligen Sofas setzen, und Mum und Dad ließen sich neben mir nieder. Als meine Beine den Stoff berührten, fühlte es sich kratzig an.

In diesem hässlichen, stinkenden Raum gefällt es mir nicht.

Außer uns waren da eine ganze Menge Leute, von denen ich niemanden kannte. Mein Blick blieb an dem ältesten Mann hängen. Er trug einen Anzug und eine Krawatte, wie Dad jeden Tag bei der Arbeit, doch außerdem eine Weste unter dem Jackett, und eine Uhr an einer Kette in der Westentasche. Sein Gesicht wirkte freundlich, mit einer Lesebrille, und dann fiel mir auf, dass sein rechtes Augenlid immer wieder zuckte.

Warum ist dieser alte Mann so nervös?

Dann sprach der alte Mann mit mir. »Hallo, Kirsty. Ich bin Professor O'Gorman-Hughes. Wie geht es dir denn heute Morgen?«

Ich zuckte die Achseln. »Eigentlich ganz gut. Darf ich bald nach Hause?«

Die Erwachsenen warfen einander Blicke zu. Außer Mum und Dad, die weiterhin nur mich anschauten.

»Ja«, antwortete der Professor. »Du darfst bald nach Hause, aber du wirst wiederkommen müssen. Du bist sehr krank. Du hast Leukämie, das ist Blutkrebs. Darum war dir so übel und schwindlig, darum hast du Kopfschmerzen und blaue Flecke bekommen. Die blauen Flecke heißen ›Petechien‹. Das ist einfach nur ein komischer Name für kreisrunde blaue Flecke. Wenn man die hat, bedeutet das manchmal, dass mit dem Blut etwas nicht in Ordnung ist.«

Mein ganzer Körper kribbelte, als würden mich Ameisen in die Haut beißen. Von dieser Leukämiekrankheit hatte ich noch nie gehört, aber was Krebs war, wusste ich. Mein Onkel Ken war an Krebs gestorben. Ich erinnere mich, wie ich einmal auf seinem Schoß gesessen hatte und lachen musste, weil er mir so lustige Witze erzählte. Er hatte nicht einmal krank ausgesehen. Ein paar Tage später starb er dann. Wenn er an Krebs gestorben war, musste das bedeuten, dass ich auch sterben würde.

Ich bin doch erst neun. Ich kann noch nicht sterben! Das ist nicht richtig so.

Ich spürte, wie mir die Tränen in die Augen stiegen, und schlug die Hände vors Gesicht. Ich wollte vor all diesen Leuten nicht weinen.

»Nicht weinen«, sagte Mum.

»Du kommst schon wieder in Ordnung«, fügte Dad hinzu.

Ich glaube nicht, dass Eltern ihre Kinder anlügen dürfen. Wenn Dad sagt, ich komme schon wieder in Ordnung, muss ich ihm einfach glauben. Dad würde mich nicht einfach anlügen – oder doch?

Jetzt sprach der Professor weiter. »Wir werden dir eine spezielle Medizin namens Chemotherapie geben, damit es dir bald besser geht. Zum Teil bekommst du die als Tabletten und zum Teil über Spritzen. Viele Leute in deinem Alter bekommen Leukämie, und wenn sie behandelt werden, geht es ihnen besser. Die meisten Patienten mit deinem Krebs haben eine Chance von etwa siebzig Prozent, dass es ihnen wieder besser geht. Es ist so, dass dich ein Teil dieser Medizin krank und müde machen wird. Du wirst Schmerzen haben, und manche Patienten verlieren auch ihre Haare.«

Was? Mir fallen die Haare aus, und ich muss Spritzen und Tabletten bekommen, und ich werde mich krank fühlen? »Darf ich trotzdem weiter zum Turnen?« Ich kannte die Antwort schon, aber ich musste sie von ihm hören.

»Wahrscheinlich nicht. Du wirst dich aber auch nicht danach fühlen, sehr viel zu machen.«

Es fühlte sich so an, als würden ganz viele Spinnen gleichzeitig in meinem Hals ein Netz weben, hätten jedoch nicht genug Platz dafür. Durch das Spinnenfestival presste ich eine weitere Frage. »Kann ich denn weiter zur Schule gehen?«

»Das kannst du, wenn du dich gut genug fühlst. Das ist deine Entscheidung. Manche Krebspatienten nehmen sich eine Auszeit, oder sie werden zu Hause unterrichtet …«

»Ich will zur Schule gehen«, stieß ich hervor.

»Wir müssen uns darauf konzentrieren, dass es dir wirklich besser geht. Die Chemotherapie wird dazu beitragen, dass du einen Zustand namens Remission erreichst. Weißt du, Krebs lässt sich nicht heilen, aber es gibt Behandlungsmöglichkeiten, von denen wir wissen, dass sie bei anderen Leuten funktioniert haben. Und wir dürfen wirklich davon ausgehen, dass sie bei dir auch funktioniert. Du wirst dich etwa zwei Jahre lang behandeln lassen müssen.«

Zwei Jahre?

Ich fühlte mich, als hätte mir jemand in den Bauch getreten.

Zwei Jahre lang kein Turnen. Keine Schule. Kein Olympia.

Ich wusste nicht, was ich sagen sollte. Ich wollte einfach nur weinen, aber Mum hatte gesagt, ich solle nicht weinen.

Das ist nicht fair. Warum passiert mir das? Was habe ich denn getan?

Als könne er meine Gedanken lesen, fuhr der Professor fort: »Wir wissen nicht, warum manche Leute Krebs bekommen, und Krebs ist keine ansteckende Krankheit. Manche Leute haben einfach Pech. Aber vielleicht finden wir eines Tages mit ganz viel Forschung heraus, warum Leute Krebs bekommen, und dann können wir auch eine Heilungsmöglichkeit finden. Im Moment ist unsere beste Option, dich mit einer Chemotherapie zu behandeln, und darum machen wir das auch.«

Dicke Tränen liefen mir aus den Augen, ohne dass ich sie zurückhalten konnte. Ich versuchte es, aber sie waren einfach zu schwer für meine Augen.

»Nicht weinen«, sagte Mum wieder.

Vorsichtig schaute ich meine Eltern an. Ihre Blicke waren wild, als hätte sie etwas erschreckt. Sie hatten denselben Ausdruck wie damals, als Mum hinten in unserem Garten eine Blauzungenechse entdeckt hatte. Nur waren diesmal ihre Augen sogar noch weiter aufgerissen. Die von Mum waren geschwollen. Die von Dad waren noch so aquamarinblau wie immer, aber das

Weiße in ihnen wirkte, als hätte sie eine Katze gekratzt. Beide blinzelten oft. Und beide saßen sehr still da. Sie wirkten wie verstummte Roboter, die nur die Augen öffnen und wieder schließen konnten, sonst nichts.

Mum und Dad haben geweint, beide! Dann ist das hier wohl wirklich schlimm. Ich habe meine Eltern noch nie weinen sehen. Und sie haben wegen mir geweint. Ich habe sie traurig gemacht, weil ich krank bin. Die beiden sind so besorgt und sehen so müde aus, und das ist meine Schuld.

»Wir sorgen alle dafür, dass es dir besser geht, okay?«, wandte sich Dad an mich.

»Okay«, sagte ich. Dad war der klügste Mann, den ich kannte. Ich blickte mich unter den ganzen fremden Leuten um und schenkte ihnen ein halbes Lächeln. »Meine Behandlung dauert also etwa zwei Jahre? Bedeutet das, ich werde zwei Jahre im Krankenhaus bleiben?«

»Nein«, erklärte mir der Professor. »Manchmal wirst du vielleicht für ein paar Tage zur Behandlung bleiben müssen, aber wir werden dafür sorgen, dass das so selten wie möglich vorkommt.«

Gott sei Dank!

»Und Sie haben gesagt, mir fallen vielleicht die Haare aus?«

»Ja.«

Ich spürte, wie noch mehr Tränen aus meinen Augen herauswollten. Ich schaute Mum an.

»Nicht weinen«, sagte sie.

Also weinte ich nicht.

4. Kapitel: Kinder hören alles

Ich lag unter den steifen, weißen und sterilen Laken in meinem Krankenhausbett. Über eine Infusion gelangte gesundes Blut in meine Venen. So ist das bei Blutkrebs, bei Leukämie: Ständig braucht man das Blut von Fremden im Körper. Ich verspürte einen unstillbaren Durst nach dem tiefroten Kraftstoff und wusste, ohne ihn würde ich sterben müssen.

Im Bett mir gegenüber lag ein Mädchen. Ihren Namen kannte ich nicht, aber an ihrem Bett unterhielten sich immer wieder Leute im Flüsterton. Ich hörte die Unterhaltungen mit; ich wollte das nicht und strengte mich auch nicht extra an, aber wie es im Leben Dinge gibt, bei denen wir einfach hinschauen müssen, gibt es auch Dinge, die wir einfach nicht überhören können. An diesem Tag waren es die Eltern des Mädchens und eine Frau mittleren Alters, die einen grauen Blazer samt passendem Rock trug. Ich sah, wie die Frau auf mich zeigte und leise erklärte: »Dieses kleine Mädchen hat genau denselben Krebs wie Ihre Tochter, und wir sorgen bereits dafür, dass es ihr besser geht. Sie hat eine siebzigprozentige Überlebenschance.«

Wenigstens hatte ich sie nicht »Das kleine Mädchen da drüben wird sterben« flüstern hören.

Während die Frau mit den Eltern sprach, schnellte der Blick des kleinen Mädchens zwischen ihren Eltern hin und her. Links. Rechts. Links. Rechts. Vom Vater zur Mutter und wieder zurück. Beide Eltern hatten die Arme fest vor der Brust verschränkt. Sie schauten ihre Tochter nicht an, auch die andere Frau oder mich nicht. Ich wartete auf ihre Reaktion. Sicher würde doch irgendjemand etwas sagen.

Warum stehen die alle einfach nur da?

Dann schüttelten beide gleichzeitig den Kopf, die Blicke fest aufeinander gerichtet.

»Nein?« Was meinen sie mit Nein? Wozu sagen sie Nein?

Die Frau seufzte tief und sagte dann leise: »Also gut. Ich denke, jemand hat Ihnen schon erklärt, was geschehen wird, wenn Sie bei dieser Entscheidung bleiben.«

Die drei Erwachsenen verließen den Raum, und dabei hatten sie Gesichtsausdrücke, als zöge sie eine unsichtbare Kraft hinaus auf den Flur. Das Mädchen drehte sich auf die Seite und zog die Knie hoch bis ans Kinn. Wir waren ganz allein im Zimmer.

»Hey!«, rief ich ihr zu.

Sie drehte sich auf den Rücken.

Ich weiß, dass sie mich hören kann. Warum gibt sie keine Antwort?

Ich versuchte es noch einmal: »Hey!« Diesmal hatte ich lauter gerufen, also konnte sie nicht einfach so tun, als hätte sie nichts gehört.

»Pssst!«, gab sie zurück. »Ich bekomme Ärger, wenn ich mit irgendjemandem rede.«

»Wie alt bist du?«

»Sieben«, sagte sie.

Jünger als ich?! Das ist nicht fair. Sieben ist viel zu jung, als dass man Krebs haben könnte. Ich bin neun. Neun ist einigermaßen okay, denke ich, aber jünger als neun nicht.

Das Mädchen drehte sich wieder auf die Seite. Unsere Unterhaltung war vorbei, dabei wollte ich ihr noch mehr Fragen stellen. Vielleicht ja morgen.

Einige Minuten lang lag ich einfach nur da und starrte zu den blendend hellen Lichtern hoch, die mir in den Augen schmerzten. Ich spürte, wie mich die Müdigkeit zum Schlafen zwang. Wenn man Krebs hat, wird man sehr müde. Und es ist eine Müdigkeit, der man einfach nachgeben muss. Man kann sie nicht bekämpfen, auch wenn man in einem Krankenhausbett nie bequem liegt. Die Laken sind ganz sauber und mit Wäschestärke behandelt, deswegen sind sie so hart als würde man zwischen großen Papierbögen liegen. Die Matratzen haben Plastiküberzüge, die man durch die dünnen Laken hindurch spürt. Ich nehme an, das hat praktische Gründe. Ich wollte mir gar nicht erst vorstellen, was für Körperflüssigkeiten vor mir in diesem

Bett gewesen waren. Außerdem ist es kaum möglich, in einem Krankenhausbett zu liegen, ohne dass man sich aus Versehen die am Körper befestigten Infusionen oder irgendwelche anderen Schläuche herauszieht. Auch die Kissen sind hart, und der Plastikschlauch für den Sauerstoff lässt die Nasenlöcher austrocknen, sodass der Rotz steinhart wird. Und außerdem ist da noch dieser grässliche Geruch, der in jedem Krankenhaus herrscht.

Obwohl alles so unbequem war, schlief ich ein, und als ich später aufwachte, war es schon Abend. Das wusste ich, weil das Krankenhaus nachts gnädigerweise einige der gleißend hellen Lichter ausschaltete. Ich wusste, dass uns so das Schlafen erleichtert werden sollte, aber es nutzte nicht viel, denn alle halbe Stunde kam eine Krankenschwester herein, um meine Temperatur zu messen und mir den Puls zu fühlen. Ich verschlief solche Besuche nie. Den meisten Schwestern schien es egal zu sein, ob man gerade wach lag oder nicht. Sie schalteten einfach das Licht an und fummelten an einem herum. Manchmal gab es aber auch nette Schwestern, und die kamen leise herein, benutzten eine Taschenlampe und versuchten, die Patienten nicht aufzuwecken.

In dieser Nacht hatte ich eine nette Schwester. Wenn ich die Augen aufgemacht hätte, hätte sie sich ein bisschen mit mir unterhalten, aber das tat ich nicht. Sie fühlte mir sanft den Puls und maß meine Temperatur, und dann stellte sie die Infusion richtig ein. Ihre Hände fühlten sich kühl und weich an.

Als die Schwester gegangen war, setzte ich mich auf,

weil ich wissen wollte, ob das andere Mädchen gerade wach war. Dann würde ich noch einmal mit ihr zu reden versuchen.

Ihr Bett war leer und schon frisch gemacht, als hätte sie nie darin gelegen.

Die nette Schwester kam mit einer Kollegin zurück, und ich stellte mich wieder schlafend. Dann hörte ich etwas, was ich lieber nicht gehört hätte.

»Ich kann einfach nicht fassen, was diese Eltern da tun«, flüsterte die andere Schwester. »Sie haben ihre Tochter ja quasi umgebracht.«

»Ich weiß«, gab die nette Schwester zurück. »Sie wollten einfach nicht erlauben, dass man ihr eine Bluttransfusion gibt. Ich meine, ich verstehe ja, dass der Glaube einem ein bisschen dabei helfen kann, das Leben zu bewältigen, aber ohne Behandlung wird dieses Kind in weniger als zwei Wochen sterben, denke ich.« Dann sprach die nette Schwester genau das aus, was ich dachte: »Das Ganze ist so traurig.«

»Nun«, erwiderte die andere Schwester, »Kinder können sich ihre Eltern nun mal nicht aussuchen.«

»Es ist einfach so ungerecht«, sprach die nette Schwester weiter. »Die arme Kleine. Ich frage mich, was sie wohl gerade denkt?«

5. Kapitel: Das Wesen im Spiegel

Beim Nachhausekommen empfinde ich noch heute jedes Mal große Freude, aber es gibt eine ganz bestimmte Heimkehr, die ich nie vergessen werde. Damals lernte ich, was man uns immer sagt, was wir aber oft nicht zu schätzen wissen: dass wir in den einfachen Freuden im Leben die größte Freude finden.

Bequem war meine Heimkehr nicht. Seit meiner Krebsdiagnose und dem Beginn der Behandlung waren mehrere Wochen vergangen. Als wir nach Hause fuhren, hatte ich einen bösen Ausschlag am ganzen Körper. In meinem Blut lebten jetzt Chemikalien. Mein Kopf fühlte sich an, als würden Insekten mit kitzelnden Beinen darüber laufen, doch zu kratzen traute ich mich nicht. Meinem Haar fiel es schwer, sich an meiner Kopfhaut festzuhalten. Ich hatte Angst, es würde mir einfach ausgehen, wenn ich es berührte, und dann hätte ich eine Glatze. Dafür war ich noch nicht bereit.

Mum parkte in der Einfahrt. Der knirschende Kies unter den Reifen löste in jeder meiner Körperzellen einen feurigen Adrenalinstoß aus. Im Vorgarten standen Danielle, Brett, Matt und Linda, eine Nachbarin und Freundin der Familie. Als ich aus dem Wagen stieg, eilte Linda auf mich zu und umarmte mich.

Komisch. Das hat sie noch nie gemacht. Wahrscheinlich macht der Krebs, dass einen manche Leute umarmen.

Linda umarmte auch Mum, und das war noch komischer, denn auf Umarmungen stand Mum nicht so.

Danielle, Linda und Matt zogen mich ins Haus und führten mich zu meinem Zimmer. Die Tür war geschlossen, und das erfüllte mich mit Panik. In unserer Kindheit und Jugend herrschten viele von Mums Regeln in unserem Haus. Eine von ihnen lautete, dass man einen Schlag mit dem Holzlöffel bekam, wenn man frech war. Eine andere, dass kein einziges Zimmer im Haus – abgesehen vom Bad – jemals geschlossen sein durfte. Es gab auch kein einziges Schloss an einer dieser Türen.

Warum ist meine Tür zu? Ist das immer noch mein Zimmer? Vielleicht ist es nicht mehr mein Zimmer, weil ich Krebs habe…

Danielle riss meine Tür auf, und eine Lawine bunter Luftballons fiel um mich herum.

»Gefallen sie dir?«, fragte Matt, während er einen blauen Ballon hoch in die Luft warf. »Wir haben eine Ewigkeit gebraucht, um sie für dich aufzublasen.«

»Sie sind wunderschön«, gab ich zurück. »Vielen Dank.«

»Bald kommt Dad nach Hause, und dann können wir so viel Chinesisch bestellen, wie du willst.«

Genau in diesem Moment hörte ich, wie sich die Haustür öffnete und sich Dad in seinen Lederschuhen leise über den Boden bewegte. Ich hörte, wie Dad seine Aktentasche genau dort im Flur abstellte, wo er das immer tat. Er war Buchhalter in einer großen Firma und trug jeden Tag einen Anzug zur Arbeit. Normalerweise zog er sich sofort Shorts und ein T-Shirt an, wenn er zu Hause eintraf, aber heute kam er direkt in mein Zimmer und umarmte mich.

»Schön, dass du wieder da bist«, flüsterte er mir zu.

Nach den Wochen im Krankenhaus, wo ich kaum etwas gegessen hatte, und weil ich jetzt Steroide nahm, die meinen Appetit anregten, war dieses erste Abendessen zu Hause ein euphorischer Tanz in meinem Mund. Die fast zu süßen, kross gebratenen Krabben in Honig mit Sesam waren das Beste, was ich je gegessen hatte. Durch meinen geschärften Geschmacks- und Geruchssinn explodierten die Aromen förmlich in meinem Mund.

Und das war nicht nur beim Essen so. Mein Zimmer, Dads Umarmungen, sogar meine Brüder, die sich um die letzte Frühlingsrolle stritten – diese einfachen Dinge schenkten mir das Gefühl, das man verspürt, wenn man gerade seinen Lieblingssong hört: einen herrlichen, vollkommenen Genuss.

In dieser Nacht fühlte sich mein Bett an wie eine herrliche, bequeme Wolke. Es war wundervoll und zugleich seltsam, nicht mehr an irgendwelchen Schläuchen zu hängen. Wenn ich pinkeln musste, konnte ich einfach selbst ins Bad gehen; ich brauchte nicht nach der Schwester zu klingeln und dann mit ihr zu diskutieren – die Schwestern wollten immer, dass ich eine Bettpfanne benutzte, aber ich bestand hartnäckig darauf, dass sie mir dabei halfen, meinen Infusionsständer ins Badezimmer zu schieben.

Ich schob eine Hand unter das Kissen. Die Visitenkarte des Coaches – meine goldene Eintrittskarte zu den Olympischen Spielen – war noch dort, wo ich sie zurückgelassen hatte. Ich zog sie hervor, riss sie in sechs Stücke und warf sie in den rosa Papierkorb neben meinem Schreibtisch, auf dem meine vielen Pokale und Bücher standen. Ich musste die Visitenkarte zerreißen, weil sie mich sonst zum Weinen bringen würde, und Mum hatte gesagt, ich solle nicht weinen.

* * *

Nur langsam vergingen die Tage. Mehr und mehr Insekten mit klebrigen und kitzelnden Beinen versammelten sich auf meiner Kopfhaut, doch noch immer wagte ich nicht, mein Haar zu berühren. Es veränderte seine Beschaffenheit und Farbe. Es glänzte nicht mehr und wirkte auch nicht mehr wie goldener Sirup. Stattdessen fühlte es sich an wie Stroh und sah auch so aus, und es verknotete sich immer mehr zu schrecklichen Vogelnestern.

Eines Tages sagte Mum: »Ich glaube, wir müssen etwas wegen deiner Haare unternehmen.«

Nein! Auf gar keinen Fall!

»Komm, setz dich ins Wohnzimmer.«

Ich gehorchte. Mit einer Haarbürste in der einen Hand und einem grünen Eimer in der anderen setzte sich Mum auf die braune Couch, und ich ließ mich vor ihr auf dem Boden nieder. So setzten wir uns immer hin, damit sie mir die Haare flechten konnte, aber heute würde es keine Zöpfe geben. Es würde für eine sehr lange Zeit keine Zöpfe mehr geben.

Brett kniete links von mir, und Matt saß im Schneidersitz an meiner rechten Seite. Mum stellte den Eimer hinter mich und hatte kaum mit der Bürste meinen Kopf berührt, da fielen auch schon Haarsträhnen in den Eimer. Weh tat es nicht. Matt und Brett starrten auf meinen Kopf, ohne zu blinzeln, und dann stand Brett auf und ging aus dem Zimmer. Ich saß ganz still da und dachte daran, was Mum im Krankenhaus zu mir gesagt hatte: »Nicht weinen.«

Ich schaue einfach nicht mehr in den Spiegel. Dann weiß ich auch nicht, wie schlimm ich aussehe.

In weniger als zwei Minuten hatte Mum die Insekten vernichtet, die auf meinem Kopf gelebt hatten, und den Eimer mit meinen Haaren gefüllt. Matt sah aus, als starre er jemanden an, den er gar nicht kannte. Niemand von uns wusste etwas zu sagen. Mum steckte meine Haare in eine Plastiktüte und versteckte sie im Wäscheschrank hinter den Handtüchern.

* * *

Weil sie wusste, dass ich meine Haare verlieren würde, hatte Danielle von ihrem eigenen Geld eine nagelneue Baseballkappe für mich gekauft. Sie war königsblau und trug den Schriftzug »Billabong«. Diese Marke sah man nur bei den coolen Kids.

»Ich bin nicht sicher, ob sie mir gefällt«, sagte ich zu meiner Schwester.

Ganz kurz erschien auf ihrem Gesicht ein Ausdruck der Verärgerung.

»Ich meine, ich bin nicht sicher, ob die Cap mir auch steht. Bin ich denn cool genug dafür?«

»Natürlich bist du das«, erwiderte sie. »Außerdem bekommst du so keinen Sonnenbrand, und wenn wir rausgehen, ist das auch angenehmer. Vielleicht starren dich die Leute dann weniger an. Ich will nicht, dass die Leute dich anstarren. Wenn das irgendjemand tut … bringe ich ihn um. Ich finde, die Cap steht dir, aber es ist natürlich deine Entscheidung, ob du sie trägst oder nicht, okay?«

»Okay«, sagte ich. »Danke, dass du sie mir gekauft hast.«

* * *

»Mum?«, rief ich eines Morgens aus dem Wohnzimmer. Ich saß vor dem Fernseher. Es war ein Schultag, aber ich war jetzt schon eine ganze Weile nicht mehr in der Schule gewesen. Ich musste warten, bis mein Immunsystem stark genug war, um mit all den Kindern zusammen zu sein. Bald, sehr bald würde ich in die Schule zurückkehren, und ich konnte es kaum erwarten, wieder in der Klasse zu sitzen. In der Zwischenzeit hatte mir Mr. F. ganze Stapel an Hausaufgaben geschickt, und die verschlang ich geradezu, um schließlich Mum erneut loszuschicken, damit sie mir noch mehr besorgte.

Ich steckte immer noch in der Kennenlernphase, was meinen neuen Freund betraf, den Krebs, und an meine Glatze hatte ich mich noch nicht gewöhnt. Seit mein ganzes Haar ausgefallen war, hatte ich noch nicht einmal in einen Spiegel geschaut.

»Ja, Schatz?«, rief Mum aus der Küche.

»Ich habe Hunger.«

»Wirklich?« Sie reagierte erstaunt. Das war seit dem Abend meiner Heimkehr nicht mehr vorgekommen, also schon Wochen her. Es gab Phasen, in denen ich heißhungrig alles herunterschlang, doch dann kam die Übelkeit, und mein Appetit verschwand für ganze Tage am Stück.

»Ja.«

»Na, dann fahren wir wohl am besten nach Gymea, und ich kaufe dir, worauf immer du Lust hast, was?«

Ich nickte begeistert.

»Worauf hast du denn Lust?«

»Hmmm … Ich glaube, auf ein Vegemite-Sandwich mit Weißbrot«, meinte ich.

»Du kannst alles haben, was du willst«, ermutigte sie mich.

»Okay … Ich möchte trotzdem ein Vegemite-Sandwich.«

»Und was noch? Pommes? Einen Hotdog? Eis?«

»Na gut. Dann möchte ich auch noch Pommes süßsauer und ein buntes Eis.«

»Ich glaube, das lässt sich machen.«

Sie wollte mich nicht allein zu Hause lassen, deswegen wartete ich im Auto, während Mum in die verschiedenen Geschäfte ging und mein Festmahl zusammenstellte. Für sich selbst kaufte sie einen Hotdog mit Tomatensauce und ein Bananeneis am Stiel.

Zu Hause bereitete Mum auf dem Teppich vor dem Fernseher ein Picknick für uns vor. Sie machte mir mein Vegemite-Sandwich und schnitt es in vier kleine Teile. Wir schoben die Videokassette mit unserem Lieblingsfilm in den Recorder, während wir aßen: *Grease* mit Olivia Newton-John und John Travolta. Mit vollem Mund sangen wir alle Songs mit.

Vollgestopft und erschöpft kroch ich in Richtung Wohnzimmer, legte mich hin und schloss die Augen. Ich spürte, wie mich Mum zudeckte. Das war ein guter Morgen gewesen. Davon gab es nicht viele, aber solange es sie manchmal gab, hatte ich das Gefühl, alles würde gut werden.

* * *

Jemand klopfte laut an unsere Haustür. Es war Viertel nach vier an einem Nachmittag unter der Woche. Ich rannte ins Wohnzimmer, schloss leise die Tür und lauschte, denn ich war neugierig, wer uns wohl besuchen kam, wollte aber nicht, dass jemand mich mit meiner Glatze sah. Ich hörte, wie die Haustür aufgeschlossen und geöffnet wurde, und dann war da die Stimme eines Jungen.

»Ich möchte Kirsty besuchen.«

»Wie heißt du denn? Bist du in Kirstys Klasse?«

»Ja«, kam die Antwort.

»Nun«, sagte Mum, »Kirsty ist sehr krank, und sie sieht ganz anders aus als bei eurer letzten Begegnung.«

»Mir ist egal, wie krank sie ist oder wie anders sie aussieht. Ich muss sie unbedingt besuchen.«

»Also gut«, gab Mum zurück. »Warum setzt du dich nicht hier ins Esszimmer, und ich schaue mal, ob ich sie finden kann?«

Danielle platzte ins Wohnzimmer und erwischte mich fast mit der Tür im Gesicht.

»Oh mein Gott, Kirsty«, stieß sie hervor. »Da ist irgendein Junge aus deiner Schule, der dich sehen will.«

»Wie sieht er denn aus?«

»Er ist süß. Blonde Haare hat er, blaue Augen und einen winzigen goldenen Ohrring im linken Ohr.«

Amos! Ich kann gar nicht glauben, dass er mich besuchen kommt! Vielleicht ist er ja genauso in mich verknallt wie ich in ihn? Aber er war doch so gemein zu Kathy, und eine Glatze habe ich auch. Ich wette, er hat mich mal genauso sehr gemocht wie ich ihn, aber jetzt wird er mich nicht mehr mögen.

»Am besten lässt du deine Cap auf«, meinte meine Schwester.

»Kommt gar nicht infrage«, rief ich.

»Bist du dir da sicher? Er wird sich wahrscheinlich seltsam benehmen, wenn er dich sieht. Er ist doch nur ein Junge. Er wird es nicht verstehen.«

»Ich weiß«, gab ich zurück. Dann schob ich mich zwischen Danielles Körper und der Tür hindurch und betrat das Esszimmer, wo Amos am Tisch saß. Damit begann die erste Enthüllung meiner Kahlköpfigkeit gegenüber der Außenwelt.

»Hi, Amos«, sagte ich schüchtern. Ich war wegen meines Aussehens so verunsichert, dass es sich anfühlte, als wäre mein Kopf soeben auf die Größe eines Wasserballs angeschwollen.

Amos schaute mich an, als hätte er mich noch nie im Leben gesehen. Dann wanderte sein Blick zu Mum, dann zu Danielle, dann wieder zurück zu Mum.

»Das ist doch nicht Kirsty.« Er klang todernst.

»Doch, ich bin's«, versicherte ich ihm, während ich mir mit einer Hand den Kopf rieb. »Wir sind zusammen bei Mr. F. in der Klasse. Ich sehe einfach nur anders aus, weil ich keine Haare habe und weil ich krank bin.«

Ich wusste auch ohne Spiegel, wie schrecklich ich aussah. Amos' Gesichtsausdruck sagte mir alles. Er schaute zu Boden, und sein ganzer Körper hing schlaff auf dem Stuhl.

Armer Amos. Ich bin wahrscheinlich das Schlimmste, was du je im Leben gesehen hast. Es tut mir leid.

Sein Gesicht wirkte traurig, und er schaute immer noch auf den Boden.

Bitte schau hoch, Amos! Bitte, bitte, bitte, schau mich einfach nur ein paar Sekunden an, dann sorge ich dafür, dass es nicht so schlimm ist.

Als er ansetzte, sprach er mehr mit unserem Teppich, mit den Dielenbrettern und mit der viele Meilen dicken Erdschicht unter unserem Haus als mit uns. »Es tut mir *wirklich leid*, dass du krank bist.«

Die Art, wie er das sagte, wirkte seltsam. Sehr viele Leute hatten mir gegenüber ihr Bedauern ausgedrückt, in Karten und Telefonanrufen. »*Sorry to hear you are ill* – Es tut mir leid, dass du krank bist, Kirsty« – das hörte und las ich immer und immer wieder. Manche Leute brachten nicht einmal das Wort »Krebs« über die Lippen. Aber Amos' »Es tut mir leid« klang irgendwie anders.

»Es tut mir so leid, dass ich dich damals in der Schule so gestoßen habe«, fuhr er fort. »Ich wollte dich nicht so fest stoßen.«

Er denkt, er ist an meiner Krankheit schuld! Um Gottes willen! Der arme Amos!

»Amos, ich bin nicht krank geworden, weil du mich geschubst hast«, sagte ich.

»Aber ich habe dich ganz fest gestoßen, und du hast dir den Kopf angeschlagen, und danach bist du nie wieder in die Schule gekommen …«

»Niemand weiß, warum ich Krebs bekommen habe. Nicht einmal der Professor, der sich um mich kümmert.«

Amos wirkte skeptisch.

Danielle mischte sich ein. »Kirsty hat zwei Brüder, und die schubsen sie die ganze Zeit herum. Niemand bekommt Krebs, weil man ihn herumschubst. Sie ist immer noch die alte Kirsty.«

Bin ich immer noch die alte Kirsty? Wenn ich mir Amos' Gesicht so anschaue, werde ich das nie wieder sein.

Amos wirkte in keiner Weise beruhigt. Er stand auf, und dabei ließ er Kopf und Schultern immer noch so sehr hängen, dass ich meinte, sie würden ihm vom Körper fallen. Er warf mir einen kurzen Blick zu. Vor zu langem Blickkontakt schien er Angst zu haben.

»Ich hoffe, es geht dir bald besser. Tschüss, Kirsty.«

»Bis bald, Amos«, sagte ich, als Mum ihn rausbrachte. »Du liebe Zeit!«, wandte ich mich an Danielle, sobald er weg war.

»Du hast dich noch nicht selbst im Spiegel gesehen, oder?«, wollte meine Schwester wissen.

Ich zögerte. »Nein«, gab ich zu, und jetzt schaute *ich* auf den Boden.

Danielle nahm mich bei der Hand und führte mich in ihr Zimmer. »Ich glaube, du solltest in den Spiegel schauen, Kirsty.«

Ich spürte, wie mir das Herz bis zum Hals schlug. Bis in den Schädel.

Ich will nicht in den Spiegel schauen. Warum muss ich denn in den Spiegel schauen?

Danielle führte mich zu ihrem Spiegel. Dann stellte sie sich hinter mich und legte mir beide Hände auf die Schultern. Ich stieß einen riesigen Seufzer aus und schaute in Danielles Spiegel mit dem schwarzen Rahmen. Das Mädchen, das mich aus dem Spiegel heraus anstarrte, kannte ich nicht. Sie war fast kahl, nur ein paar armselige Haarsträhnen klammerten sich noch an ihren Kopf. Sie hatte weder Augenbrauen noch Augenwimpern.

»Das reicht jetzt, oder?«

»Ja«, stimmte sie mir zu. Wir setzten uns auf ihr Bett, und ein paar Augenblicke schwiegen wir. Dann sagte sie: »Ich habe Angst, dass du sterben musst. Hast du Angst? Wie ist das, wenn man so krank ist und wenn man eine Glatze hat und so weiter?«

»Scheiße ist das!«, rief ich aus und kicherte dann hysterisch, weil ich gerade geflucht hatte und nichts passiert war. Mum hatte mich nicht gehört. Ich schaute noch einmal zu dem Wesen im Spiegel. »Scheiße ist das«, wiederholte ich, diesmal lauter, und dann kicherte ich wieder.

Seitdem mag ich keine Spiegel mehr.

6. Kapitel: Spritzen müssen sein

In den ersten paar Wochen der Chemotherapie wird der Körper mit Drogen vollgedröhnt. Der Trick besteht darin, den Krebs zu töten, aber nicht den Menschen selbst. Das ist gar nicht so einfach. Unser Blut besteht aus weißen Blutkörperchen, roten Blutkörperchen und Blutplättchen, und sie alle haben ihre Aufgabe. Weiße Blutkörperchen beschützen unseren Körper vor Infektionskrankheiten; man kennt sie als die Zellen unseres Immunsystems. In einem gesunden Körper beschützen einen die weißen Blutkörperchen vor der Grippe, wenn jemand einen anniest. Die roten Blutkörperchen befördern den Sauerstoff durch den Körper und das Kohlendioxid zu den Lungen, damit es ausgeatmet werden kann. Die Blutplättchen helfen dem Körper, Schorf zu bilden, damit man zu bluten aufhört. Wenn man sich zum Beispiel das Knie anstößt oder aufschürft, wird eine Botschaft an die Blutplättchen gesendet. Die flitzen sofort zur Unfallstelle und produzieren einen blauen Fleck oder einen Grind, und so kann man schneller heilen. Durch die Blutplättchen blutet man nicht ewig, wenn man sich schneidet.

Die Chemotherapie tötet den Krebs – aber sie bringt auch die gesunden roten Blutkörperchen und die Blutplättchen um. Aus diesem Grund brauchte ich während der Behandlung oft Transfusionen mit Blut oder Blutplättchen.

An einem knallheißen Sommertag im Jahr 1991 fuhr mich Mum ins Kinderkrankenhaus in Randwick. Das *Prince of Wales Children's Hospital* war eine Kerkerhöhle, und so stank es dort auch. Die Wände waren braun, die Kopfenden der Betten ebenfalls, und sogar die Nachttische. Es roch widerwärtig, nach alten Essenstabletts, nach Staub und nach Desinfektionsmittel. Ich hatte ein altes blaues Billabong-T-Shirt an, das einmal Dad gehört hatte. Es trug seinen Duft, aber dieser kackfarbene Palast würde schon bald jeden Hauch von Rasierschaum und gemähtem Gras zunichtemachen. Schon das Gebäude schien schlaff dazustehen und sich hängen zu lassen, und genauso erging es mir bei jedem Besuch.

Ich war jetzt seit einigen Monaten in Behandlung. Diesmal stand ein dreitägiger Krankenhausaufenthalt auf dem Plan. Ich würde zweiundsiebzig Stunden lang intravenöse Chemotherapie bekommen. Bevor es losgehen konnte, musste Mum ganze Stapel Papier ausfüllen, weil ich über Nacht blieb. Plastikbändchen mit Nummern wurden an einem Handgelenk und einem Knöchel angebracht. Dann kam der Teil des Rituals, den ich am wenigsten mochte – eine Assistenzärztin musste eine Vene finden. Die Nadel sollte drei Tage lang in meinem Körper bleiben, deswegen musste man sicherstellen, dass sie genau richtig saß. Endlich fand die Ärztin eine Vene auf meinem rechten Handrücken. Während die Kanüle mir unter die Haut kroch, wackelte ich mit den Zehen und versuchte, mich zu zwingen, nicht den Atem anzuhalten. Wenn ich das tat, so hatte ich herausgefunden, tat alles noch mehr weh. Dann umwickelte eine Schwester die Kanüle mit ganz viel Klebeband, damit sie nicht verrutschte. Als Nächstes schob sie mir eine Plastikschiene unter das Handgelenk und wickelte mir einen Verband um den Unterarm. Der cremefarbene Stoff wand sich herum und immer wieder herum, bis mein Arm aussah wie der einer ägyptischen Mumie.

»Versuch, die Finger der rechten Hand überhaupt nicht zu bewegen«, riet mir die Schwester. »Wenn die Nadel rausrutscht, müssen wir die Chemotherapie unterbrechen, eine neue Vene suchen und die Chemotherapie wieder von vorne anfangen, und dann sitzt du hier drinnen länger fest als drei Tage.«

An der Kanüle hing ein durchsichtiger Schlauch – ein langer Wurm aus durchsichtigem Gummi, der sich bis ganz nach oben zu einer rechteckigen Plastiktüte an einem Infusionsständer aus Metall emporwand. Darauf stand:

VORSICHT GIFT!
ACHTUNG: TOXISCH

Diese Flüssigkeit würde meinen Körper für die nächsten paar Tage von innen überfluten.

An dem Ständer hing außerdem eine blaue Box mit roten Digitalziffern. Diese Box kontrollierte die Geschwindigkeit des Vergiftungsprozesses. *Piiiep! Piiiep! Piiiep!* Die Schwester drückte ein paar Knöpfe, und plötzlich fühlte sich meine Hand an, als hätte jemand einen Eispack darauf abgestellt. Der wurde immer größer, während er sich einen Weg meinen Arm entlang und in meine Brust bahnte.

Zweiundsiebzig Stunden musste ich durchhalten, und erst zehn Minuten waren vergangen.

Mr. F. hatte mir zwei Bücher geliehen, *Matilda* und *Hexen hexen*, beide von Roald Dahl. Gerade wollte ich mir eins zum Lesen aussuchen, da … »Mum, ich muss mal. Darf ich zur Toilette gehen?«

»Ich weiß es nicht, Schatz. Ich hole jemanden.«

»Beeil dich.« Es fühlte sich an, als würde ich gleich alles nass machen.

Mum kam mit einer Schwester zurück, die eine Bettpfanne aus Plastik in der Hand hielt.

»Bitte schön, Kirsty«, rief die Schwester in singendem Tonfall, als sie den Plastikpisspott an mein Fußende warf und schnell den Vorhang um mein Bett zog, um mir ein wenig Privatsphäre zu schenken. »In den nächsten paar Tagen wirst du alle zehn bis dreißig

Minuten zur Toilette müssen. So funktioniert diese Medizin, wenn sie sich durch deinen Körper arbeitet.«

»Alle zehn Minuten?«, rief Mum für uns beide aus.

»Nun ja, nicht auf die Minute genau, aber schon drei- bis fünfmal pro Stunde. Und mach dir keine Sorgen, wenn dein Pipi ein bisschen grün aussieht oder komisch riecht – das ist nur die Chemotherapie.«

Nur die Chemotherapie.

Mum und ich tauschten einen Blick: *Meint sie das ernst?*

Im Zimmer befanden sich noch fünf weitere Patienten – vier Jungen und ein Mädchen. Sie alle würden hören, wie ich Pipi machte. Der Vorhang um das Bett herum reichte nicht einmal von einem Ende zum anderen. Ich würde also auch Zuschauer haben.

Auf gar keinen Fall!

»Darf ich denn auch aufstehen und zur Toilette gehen?«, wollte ich wissen.

»Nun … Ja, das schon, aber mit der Bettpfanne ist es doch einfacher.«

Ich schwang die Beine über den Bettrand und machte mich bereit zum Aufstehen. Die Toilette befand sich in nur einigen Metern Entfernung.

»Die meisten anderen benutzen die Bettpfanne.«

Langsam schob ich den Hintern über die Bettkante, bis ich stand.

»Okay«, meinte die Schwester mit der Singsangstimme. »Dann musst du jedes Mal die Infusion von der Wand abkoppeln. Wenn du den Infusionsständer mit ins Bad nimmst, darfst du nur die linke Hand dafür benutzen. Auf gar keinen Fall deine rechte! Wenn du zurückkommst, machst du die Infusion wieder an der Wand fest. Die Batterie hält etwa dreißig Minuten, wenn du also irgendwo anders hinwillst, musst du auf die Zeit achten. Wenn die Infusion nach einer halben Stunde nicht wieder angekoppelt wird, wird sie zu piepsen anfangen. Bist du sicher, dass du nicht einfach die Bettpfanne benutzen willst?«

»Ganz sicher.«

Ich zog den Stecker aus der Wand. Mum schob den Infusionsständer für mich in Richtung Badezimmer und blieb im Türrahmen stehen.

»Soll ich mit reinkommen?«, erkundigte sie sich.

»Ach nö, Mum. Das kann ich schon allein.«

»Alles klar. Dann warte ich hier vor der Tür. Ruf mich einfach, wenn du Hilfe brauchst.«

Ich nickte und schob die ratternden Räder des Infusionsständers über die grauen Fliesen. Dann hörte ich, wie sich die Tür mit einem Klicken hinter mir schloss. Ich rannte zur Toilette und riss mir mit der linken Hand die Unterhose herunter. Als Nächstes hob ich mein Shirt hoch und ließ mich mit letzter Kraft und mit dem Hintern voran auf die Klobrille sinken. Sofort schoss Urin aus mir heraus, und mein Körper sackte erleichtert in sich zusammen. Es war komisch, sich mit der linken Hand abzustützen, doch ich schaffte es. Ich konnte nicht widerstehen und schaute nach der Farbe meines Pipis. Die Schwester hatte die Wahrheit gesagt. Beim Anblick meines knallgrünen Chemopipis musste ich kichern.

***

Zweiundsiebzig Stunden kein Schlaf, dafür grünes Pipi … Drei Monate lang jede Woche. Alle zwei Wochen eine Lumbalpunktion. Jeden Tag dreißig Tabletten. Jeden Tag erbrechen. Jeden Tag Schmerzen überall in den Knochen.

Ich habe schon viele Leute »Krebs ist ein Arschloch« sagen hören. Aber ich glaube nicht, dass das den Krebs ausreichend beschreibt.

***

Heute war ein Blutentnahmetag. Das bedeutete, eine Schwester würde mir in den Finger stechen – »Nadelpiks« nannten sie das – und dann herumdrücken, bis sie ein paar Tropfen Blut in einem Plastikröhrchen auffangen konnte. Dann holte sich »der Prof« (wie man Professor Darcy O'Gorman-Hughes hier liebevoll nannte) einen Blutstropfen heraus, platzierte ihn auf ein kleines quadratisches Glasstück und schaute ihn sich unter dem Mikroskop an.

Mein Blut mochte die Nadelpiksschwester wohl nicht, denn normalerweise wollte es nicht rauskommen und Hallo sagen. Das konnte ich ihm auch schwer vorwerfen. Wer wollte schon raus in dieses stinkende, blöde Krankenhaus?

Heute lief es nicht anders als sonst. Die Schwester klemmte sich meinen Unterarm unter die Achsel und drückte und riss an meinem Finger herum. Es fühlte sich so an, als wäre er schon nicht mehr Teil meines Körpers, so heftig verdrehte sie ihn.

»Her damit, ich brauche mehr.« Wahrscheinlich war mein Finger noch dran, denn sie sprach mit ihm. Wir hatten noch nicht einmal ein Achtel des Röhrchens gefüllt. »Ach!« Sie gab auf und ließ mich los. Dann reichte sie mir einen Wattebausch, den ich mir auf den Finger drücken sollte. »Ich glaube, wir müssen es mit einer Vene versuchen, aber Kirstys Venen sind ja so unmöglich.« Diesmal sprach sie nicht mit meinem Finger, sondern mit dem Prof, der schon vor seinem Freund, dem Mikroskop, wartete.

»Ach, ich glaube nicht, dass irgendetwas an Kirsty unmöglich ist«, meinte er. »Darf ich es mal versuchen?«, fragte er mich.

Ich nickte.

Er band mir den rechten Arm ab und reichte mir einen Squashball. Den erkannte ich, weil Dad Squash spielte. »Bitte drück den mit der Hand zusammen.«

Dann klopfte mir der Prof auf dem rechten Arm herum, um die Vene dicht unter die Oberfläche meiner Haut zu locken. »So, hier haben wir eine schöne, richtig saftige«, kommentierte er, während seine warmen Finger auf einer Vene herumklopften, die mit Freuden für ihn an die Oberfläche gekommen war. Er wischte die blaue Erhebung mit einem weißen Stück Desinfektionsgaze ab, und der Geruch kitzelte mich in der Nase. Dann schob er eine winzige Metallnadel, die mit ihren blauen Schwingen rechts und links wie ein Schmetterling aussah, unter meine Haut, und sofort strömte dunkles Blut in ein dünnes Röhrchen. Mein ganzer Körper erschlaffte vor Erleichterung. Das passierte immer, wenn ich wusste, dass man endlich eine Vene bezwungen hatte.

Der Prof hatte jetzt, was er brauchte, und zog die Schmetterlingsnadel heraus. Er reichte mir einen Wattebausch. »Fest draufdrücken, damit du keinen blauen Fleck bekommst.« Dann ging er wieder zu seinem Mikroskop und platzierte vorsichtig einen meiner Blutstropfen auf dem Objektträger. Er schaute in das Mikroskop. »Wann würdest du denn gern wieder in die Schule gehen?«

»Heute. Ich fehle sehr ungern, und heute kommt der Schulfotograf.«

Er schaute auf und lächelte mich an. »Nun, wenn das so ist, kleben wir dir wohl lieber ein Pflaster auf die Wunde, damit du loskannst.«

»Wirklich?«

»Wirklich«, sagte er und kritzelte irgendetwas. Danach kam er mit seinem Stuhl zu mir gerollt und klebte mir ein Pflaster auf den Arm. Er hatte ein grinsendes Schwein darauf gemalt.

* * *

Wenn man eine Glatze hat, sind Perücken ganz widerlich und jucken schlimm. Ich trug keine Perücken. Ich trug Caps, aber nur, damit ich keinen Sonnenbrand bekam. Mum hatte eine besonders coole für mich gefunden, über und über mit Glitzerpailletten in allen Regenbogenfarben bedeckt. Ich beschloss, sie für die Schulfotos zu tragen.

Doch Mrs. Mack, einer der Lehrerinnen, schienen Glitzerpailletten nicht so zu gefallen. »Ach, Kirsty, jetzt setz doch dieses alberne Ding ab! Wir wissen schließlich alle, dass du Krebs hast.«

Ich riss mir die Cap herunter, und Tränen stiegen mir in die Augen, aber ich unterdrückte sie mit Gewalt.

»Nun, also gut«, meinte sie. »Wenn du hier Theater machen und dich wie ein kleines Kind aufführen willst, trag eben dieses alberne Ding. Aber eigentlich solltest du die Kopfbedeckung tragen, die zur Schuluniform gehört. Und Kopfbedeckungen mit Glitzer gehören auf keinen Fall dazu.«

Also trug ich meine Regenbogenglitzercap für das Foto nicht, das Pflaster mit dem grinsenden Schwein des Profs aber schon. Am nächsten Tag setzte ich dann die Schulmütze auf.

* * *

In den Pausen und beim Mittagessen hielt ich auf dem Hof immer Ausschau nach Melissa. Melissa war ein paar Jahre jünger als ich und hatte ein Neuroblastom, Krebs im Nervensystem. Sie hatte mit zwei Jahren Krebs bekommen. Ich hielt Ausschau nach ihrer Perücke. Die war blond und schulterlang und saß Melissa immer schief auf dem Kopf. Aber ich entdeckte nur gesunde Kinder ohne Krebs.

Ich ging in die Mädchentoilette, um nachzusehen, ob sie vielleicht dort war.

Drinnen überfiel mich der Uringestank. Jemand stieß mich in den Rücken und kicherte. Melissa.

»Der Verschluss von meinem ZVK ist abgegangen, und ich bekomme ihn einfach nicht wieder drauf«, sagte sie. Man hatte ihr in einer Operation einen Zentralvenenkatheter eingepflanzt, kurz »ZVK«. Die sind schrecklich unbequem, aber wenn man sehr häufig Chemotherapie bekommt, kollabieren die Venen, und man wird zu einem ZVK »befördert«. Bei mir war es noch nicht so weit, doch wenn meine Venen weiter so abbauten, würde es nicht mehr lange dauern. Ich hoffte, meine Behandlung würde zu Ende sein, bevor mich meine Venen im Stich ließen. Melissa bekam Chemotherapie, seit sie ein Kleinkind war, deswegen waren ihre Venen schon vor Jahren kollabiert.

»Ich helfe dir«, gab ich zurück. Wir gingen weiter in den Raum hinein und stellten uns vor die Waschbecken. Melissa hielt die kleine Verschlusskappe fest in ihrer weißen Hand. »Meine Finger fühlen sich heute besonders taub an, aber ich versuche es mal.«

»Meine Finger sind auch ganz taub. Ich hatte Mühe, die Kappe vom Boden aufzuheben«, erzählte sie.

Ich nahm die Kappe und hielt sie ins Licht, damit ich alles besser sehen konnte. Dann presste ich die Kappe vorsichtig auf das Ende des Schlauchs und drehte sie im Uhrzeigersinn. Als ob man eine Tube Zahnpasta wieder verschließen würde.

»So, bitte sehr.«

Ein älteres Mädchen betrat die Toiletten. »Ach, Melissa, du bist so niedlich«, rief sie. Dann hob sie Melissa hoch und setzte sie sich auf die Hüfte, wie eine Puppe.

»Vorsicht!«, rief ich aus. »Sie hat doch einen ZVK.«

Das Mädchen schaute mich verständnislos an. Sie ließ Melissa runter und verschwand in einer Kabine.

»Schon in Ordnung«, versicherte mir Melissa. »Sie hat mir nicht wehgetan.«

Wir nahmen uns an den Händen, zwei Mädchen mit einer Haut so durchsichtig wie Plastikfolie, und gingen gemeinsam hinaus auf den Schulhof.

7. Kapitel: Fragen ohne Antworten

Obwohl es noch nicht Weihnachten war, besuchte unsere Familie Aunty Pat. Ich liebte ihr Haus. Sie hatte einen niedlichen, zerrauft aussehenden Hund, ein Trampolin, auf dem man blaue Füße bekam, und ein Schaukelpferd. Sonst kannte ich niemanden mit einem Schaukelpferd. Das Pferd war weiß mit einem roten Sattel und dazu passenden roten Zügeln. Ganz offensichtlich hing Aunty Pat sehr daran, deswegen sprang ich nie ohne zu fragen darauf. Ich platzte immer fast vor Erwartung, während ich hoffte, sie würde mir erlauben, mich auf das so lebensecht wirkende Pferd zu setzen.

Aunty Pat ist die Schwester von meinem Dad. Sie hat kurze braune Haare, trägt eine dicke Brille und hat drei Töchter. Es war Aunty Pats Mann gewesen, Uncle Ken, der vor meiner Diagnose an Krebs gestorben war. Inzwischen war Aunty Pat mit einem Mann namens Brian verheiratet. Außerdem hat Dad einen Bruder, der zusammen mit seiner Frau zwei Töchter hat, und da gibt es noch seine Eltern, Nana und Grandad. Jetzt, wo ich Krebs hatte, schienen wir meine Großeltern, Tanten, Onkel und Cousinen häufiger zu besuchen, obwohl wir meistens nur Zeit mit der Familie auf Dads Seite verbrachten. Mum hat zwei Brüder und eine Schwester, die sie nie besuchen zu wollen schien. Einer ihrer Brüder ist adoptiert. Was ihren anderen Bruder betraf, Uncle Les, sagte uns Mum immer, wir Kinder sollten nichts von dem glauben, was er uns erzählte, weil er zu oft Hasch rauchte. Ihre Schwester, Aunty Sandra, lebte mit ihren zwei Kindern in Newcastle. Mum sagte, ihre Schwester habe nicht viel Geld, und sie müsse die ganze Zeit arbeiten, weil ihr Mann ein schlechter Mensch sei, bei dem sie nicht habe bleiben können. Mums Mutter hatte einen tödlichen Herzinfarkt erlitten, als Mum erst neunzehn gewesen war, und ihr Vater war wenige Wochen nach meiner Diagnose an Krebs gestorben.

Glauben denn alle Erwachsenen, ich muss sterben, wie Uncle Ken? Es fühlt sich nicht so an, als müsste ich sterben. Würde ich davon nicht irgendetwas merken? Würde ich das nicht wissen? Ich weiß, es gibt *die Möglichkeit, aber der Prof hat mir gesagt, es besteht eine sehr gute Chance, dass es mir irgendwann besser geht.*

Vorsichtig streichelte ich den Schwanz des Schaukelpferdes und wartete darauf, dass mir Aunty Pat das Aufsteigen erlaubte. Durch die Chemotherapie prickelten und kribbelten meine Hände und Füße. Jetzt nickte Aunty Pat. Danielle hob mich hoch und ließ mich in den glänzenden Sattel sinken. Vorsichtig wippte ich vor und zurück. Ich fasste mit meinen durchsichtigen Kribbelhänden nach den Zügeln. Wie bei Tattoos waren meine Hände, Handgelenke und Arme mit den Einstichstellen der Nadeln übersät. Um jedes Loch hatte sich ein Kreis mit einem blauen, lila oder gelben Fleck gebildet.

»Halten dich die Ärzte für ein Nadelkissen oder was?«, fragte Aunty Pat.

»Sie halten mich für schwierig, weil man meine Venen so schlecht finden kann.«

Aunty Pat schnaubte verächtlich. »Ich denke nicht, dass du schwierig bist, und du solltest ihnen das auch nicht glauben. Vielleicht müssen sie einfach besser darin werden, deine Venen zu finden.«

So hatte ich mir das noch nie überlegt.

Während ich auf dem Schaukelpferd ritt, betrachtete ich meine schwächlichen Finger. Meine Hände und Arme wären nicht länger stark genug, um beim Turnen am Barren zu hängen.

Mum kam zu mir. »Pat, Kirsty muss jetzt ihre Tabletten nehmen.«

Aunty Pat wandte sich an mich: »Geht das mit Limonade?«

Lecker! Limonade statt immer nur Orangensirup …

»Au ja, bitte!«

Jetzt saß ich am Esstisch, zwischen den Erwachsenen und Tassen und Löffelkeksen. Aunty Pat stellte mir eine ganze Dose Limonade hin, nur für mich, und goss die

Limonade in ein Glas. Mum hatte vor unserer Abfahrt über dreißig Tabletten in Plastik eingepackt, und jetzt legte sie mir den Stapel Gift hin.

Sehnsüchtig starrte ich zu Brett und Matt hinüber, die draußen auf dem Trampolin herumhüpften. Ich war zu schwach dafür und wusste, ich wäre sehr schnell außer Atem gewesen, wenn ich es versucht hätte. Brett bemerkte meinen Blick und zeigte mir den Stinkefinger, während er in die Luft sprang. Von den Erwachsenen bekam das niemand mit.

Jetzt nahm ich meine Tabletten, eine nach der anderen, und jedes Mal trank ich einen Schluck hinterher. Ich wartete immer ein paar Sekunden zwischen den Tabletten, um sicher zu sein, dass sie auch wirklich ganz tief unten in meinem Bauch landeten. Wenn ich mich übergeben würde, müsste ich wieder ganz von vorne anfangen.

Ich griff mit der linken Hand nach dem Medaillon, das mir Mum und Dad gegeben hatten. Dann nahm ich die letzte und bitterste aller Tabletten ein. Die Steroide – Prednison – hatten so eine blöde Form. Wie dicke fliegende Untertassen mit scharfen statt abgerundeten Kanten. Ich legte die Tablette auf meine Zunge und nahm einen großen Schluck Limonade. Das dumme Ding blieb stecken, deswegen trank ich immer weiter und betete innerlich, die Tablette würde aus meiner Kehle in meinen Magen gleiten. Irgendwann gehorchte sie auch, aber der saure und zugleich metallische Geschmack blieb in meinem Mund.

»Wie sieht's aus?«, fragte Mum und brach den Bann, der sich um den Tisch gelegt hatte. »Haben wir die Weihnachtsvorbereitungen für dieses Jahr im Griff?«

Erleichtert begannen die Leute am Tisch über Dekorationen und Geschenkeeinpacken zu sprechen, und dann ging es darum, wer den besten Kartoffelsalat machte. Manche Dinge sind für Erwachsene als Gesprächsthemen einfach zu schwierig, aber es gibt ja immer noch Weihnachtslichter und Salate.

8. Kapitel: Ich, die Attraktion im Einkaufszentrum

Wenn das Wetter nicht sonnig genug für einen Besuch am Cronulla Beach war, fuhren die Leute im Sutherland Shire ins Einkaufszentrum Westfield Miranda. Dort konnte man ins Kino gehen, etwas essen, sich die verschiedenen Läden anschauen, mit Freunden herumhängen oder sogar ein wenig seine Glatze an die frische Luft halten, damit man erlebte, wie Fremde reagierten. Danielle hatte angeboten, Matt und mich mitzunehmen, und gerade verhandelte sie mit Brett. Der wollte bei McDonald's und KFC ordentlich reinhauen, gleichzeitig aber nicht mit mir gesehen werden.

»Wenn Kirsty mitfährt, bleibe ich zu Hause!«, verkündete er wütend. »Mum!«

Mums Schritte kamen auf uns zu. »Was ist denn los? Ich höre euch ja bis in die Waschküche.«

»Brett will nicht mit, weil er meint, alle werden Kirsty anstarren«, erklärte Danielle.

»Das *stimmt* ja auch. Einfach nur peinlich«, rief Brett.

»Brett«, setzte Mum an, und dabei wirkte sie empört und genervt, wie so oft im Umgang mit uns. »So etwas Böses sagt man nicht. Kirsty kann doch nichts dafür, dass sie krank ist.«

»Aber Kirsty sieht aus wie die Hexe aus *Robin Hood!*«

»Brett!«, wies ihn Mum zurecht.

Es stimmte. Genau wie die Hexe im Film war ich weitgehend kahl, mit dünnen blonden Haarsträhnen, die sich immer noch an meine Kopfhaut klammerten. Auf Bildern sieht man häufig Krebspatienten mit komplett glatten Glatzen, aber bei mir war das nicht so.

»Ich kann ja meine Billabong-Cap tragen«, bot ich an. Mir wäre das egal. Ich hatte sowieso Krebs, mit oder ohne Cap, aber wenn sich Brett dann besser fühlte, würde ich sie aufsetzen.

Wir stiegen alle in die Familienkutsche, und Mum steuerte unseren lautstarken Mitsubishi nach Westfield. Sie setzte uns vor dem Haupteingang ab, in der Nähe einer Bushaltestelle, an der etwa zwanzig Leute warteten. Mit Matt an meiner Seite ging ich schnell daran vorbei. Danielle lief einige Meter vor uns, und Brett war sogar noch weiter weg.

Ein heftiger Windstoß traf meine bloßen Beine, und mir traten die Tränen in die Augen. Plötzlich wurde mir die Cap vom Kopf gerissen und landete weit hinter mir. Wenn man eine Glatze hat, haben solche Caps keinen besonders sicheren Halt, weil es da nichts zum Festhalten gibt.

Aus der Menge in der Warteschlange war ein kollektiver Schreckenslaut zu hören. Sie hatten nicht mit einem kleinen Mädchen gerechnet, das wie die Hexe aus dem Film *Robin Hood* aussah.

»Warte!«, rief ich Danielle durch den Wind zu. »Meine Cap!«

Brett wandte sich um. »Na, super«, kommentierte er sarkastisch. »Das war's dann also mit der Cap.«

»Halt den Mund, Brett!«, gab Danielle zurück.

Es gelang mir, meine Cap aufzuheben, aber jetzt, nachdem alle Fremden an der Bushaltestelle meine Glatze gesehen hatten, erschien es mir albern, sie wieder zu bedecken, deswegen umklammerte ich die Cap weiter. Dann fiel mir auf, dass Matt immer noch an meiner Seite war.

»Na los«, sagte ich zu meinen Geschwistern. »Wir trennen uns und treffen uns in zwei Stunden wieder hier.«

»Ja, ja«, meinte Brett im Weggehen. Matt ließ mich los und rannte ihm hinterher.

Danielle und ich gingen in mein Lieblingsgeschäft. Brett hätte es einen »Laden für Hippiescheiß« genannt. Zwischen den Traumfängern und den Räucherstäbchen schauten sich eine Mutter und ihre Tochter ein paar Halsketten in einer Vitrine rechts von mir an. Währenddessen blätterte Danielle nicht weit entfernt in einem Buch über Gespräche mit den Toten. Ich nahm eine Kerze mit Orangenduft namens *Citrus Delight* in die Hand und sog den klebrig-süßen Geruch ein. Weil ich jetzt alle Gerüche so viel intensiver wahrnahm, war das bei mir zu einer Obsession geworden.

Als ich die Kerze wieder hinstellte, merkte ich, dass die Mutter den Blick nicht von meiner Glatze abwenden konnte. Brett hatte recht. Die Leute starrten einen wirklich an. Ich versuchte, die Frau zu ignorieren, und nahm eine Kerze mit Lavendelduft in die Hand. Auf dem Etikett stand: »Lavendel sorgt dafür, dass Sie sich ruhig und entspannt fühlen.« Ich schnüffelte absichtlich heftig und laut an der Kerze. Es funktionierte überhaupt nicht. Ich fühlte mich nicht ruhig und entspannt. Der starrenden Frau eins auszuwischen, erwies sich als schwieriger, als ich geglaubt hatte.

Bitte hör auf mich anzustarren und geh einfach weiter.

Dieser stumme Wunsch wurde mir erfüllt. Langsam entfernte sie sich. Ich leckte mir die von der Chemotherapie aufgesprungenen Lippen und wandte mich den Kristallen zu, aber nun stand die Frau direkt vor mir. Zwischen uns lag nur etwa ein Meter. Sie griff nach der Hand ihrer Tochter. Beide starrten mich an, als besuchten sie gerade einen Zirkus und ich wäre die Dame mit dem Bart. Ich tat so, als würden die Traumfänger an der Decke meine Aufmerksamkeit erregen. Dabei versuchte ich, mich ganz auf die Federn und Perlen über meinem Kopf zu konzentrieren.

Dann wandte sich die Frau an ihre Tochter. Alle im

Geschäft konnten sie hören. »Liebling«, sagte die Frau und behielt mich die ganze Zeit im Blick. »Schau doch mal, wie komisch dieses kleine Mädchen aussieht.«

Im Krankenhaus erzählen sie einem, wenn etwas wehtut, soll man mit den Zehen wackeln. Ich wackelte mit den Zehen. Das Herz schlug mir bis zum Hals. Ich weinte nicht. Ich rannte nicht weg. Ich blinzelte nicht einmal. Aber ich fragte mich, was Danielle jetzt wohl machen würde. Sie bewegte sich schon auf das Publikum zu. Weil beide so von meinem Anblick fasziniert waren, bemerkten sie es nicht.

Eine Lavendelkerze würde jetzt nicht ausreichen, damit sich Danielle beruhigte. Mit klarer, fester Stimme bellte sie: »Als Allererstes sollte eine gute Mutter ihrer Tochter beibringen, dass man niemanden anstarrt. Das ist nämlich sehr unhöflich.«

Die Angesprochenen senkten beschämt den Blick auf den Fußboden.

»Lass uns gehen«, sagte ich leise und nahm Danielles Hand. Wir verließen das Geschäft. Danielle, die Löwin, ging mit festen, ausladenden Schritten. Ich, die Maus, rannte hinterher, um den Anschluss nicht zu verlieren. »So eine blöde dicke Kuh!«, stieß Danielle verächtlich hervor.

9. Kapitel: Ein kurzer Heimweg

Von der Schule bis nach Hause dauerte es nur fünf Minuten – zehn, wenn man trödelte. Zu meinen Lieblingen auf diesem Weg gehörten die Gummibäume, die einen die ganze Zeit begleiteten. Sie wurden *Ghost Gums* genannt, also Geister-Gummibäume. Die hohen Bäume bildeten ein schützendes Blätterdach über meinem Kopf, und die Blätter auf dem Boden waren wie mein eigener roter Teppich. Die Blätter an den Bäumen begleiteten mich mit einem beruhigenden Rauschen. Fast war es, als würden die Bäume mit mir sprechen.

Mum hatte zu Brett gesagt, er solle Matt am Freitag von der Schule abholen und nach Hause bringen. Dass er *mich* nach Hause bringen sollte, hatte sie nicht gesagt, und selbst wenn – er hätte später behauptet, es vergessen zu haben. Die beiden waren bereits durch das Schultor und etwa einen Block die Straße runter, als ich sie entdeckte. Ich konnte Bretts rostfarbenen Haarschopf auf dem Fußweg auf und ab hüpfen sehen, daneben Matts pechschwarzes Stachelhaar und seine kräftigen Beinchen, die mit denen seines großen Bruders Schritt zu halten versuchten. Heute sprachen die Gummibäume über meinem Kopf nicht mit mir.

»Brett! Matt! Wartet auf mich!«, schrie ich.

Matt wandte sich um. Er fasste Brett am Arm und zeigte auf mich. Brett riss sich los und lief einfach weiter. Matt wartete ein paar Sekunden, rannte dann aber Brett hinterher. Plötzlich hörte ich hinter mir: »Da ist sie! Da ist der Freak!«

Hinten an meiner Glatze spürte ich einen Schlag, dann etwas Schweres und Langes, das mir zwischen den Schultern entlangkratzte. Sie bewarfen mich mit Steinen und Stöcken. Ich hatte nicht mehr die Beine einer Turnerin. Meine Beine waren wie Zweige, die sehr leicht brechen konnten, aber trotzdem rannte ich weg. Mein Silbermedaillon wurde mir immer wieder ins Gesicht geschleudert, während ich den Mädchen und Jungen zu entkommen versuchte, die mich jagten.

»Wir kriegen dich schon noch!«

»Meine Mum hat gesagt, ihr müsst sterben, du und Melissa!«

»Meine Eltern haben gesagt, ich brauche gar nicht nett zu euch zu sein! Egal, was die Lehrer sagen!«

Mein Hinterkopf fühlte sich klebrig an, als hätten sie mich mit Geschossen aus Sirup beworfen. Aber als mir das Klebrige in den Uniformkragen und dann an der

Brust herunterlief, konnte ich sehen, dass es kein Sirup war. Die Steine und Äste hatten dafür gesorgt, dass ich blutete.

»Helft mir!«, rief ich meinen Brüdern zu.

Matt blieb stehen, starr wie die Stämme der Gummibäume.

Brett rannte einfach weiter.

Jetzt liefen mir die Tränen aus den Augen, und Rotz blockierte meine Nase. Ich flehte meine Beine an, schneller zu laufen, und einige Sekunden lang taten sie das auch. Ich rang nach Luft, während mich weitere Steine trafen. Die taten schlimmer weh als die Stöcke. Bald würden meine zweigartigen Beine ihren Dienst versagen. Dieses Rennen konnte ich nicht gewinnen. Mir blieben zwei Möglichkeiten: Ich konnte mich aufs Gesicht fallen lassen oder weiterrennen.

Jetzt waren meine Verfolger direkt hinter mir. Ich wandte mich um. Gerade als ich sie beschimpfen wollte, schlug mir einer der Jungen seine Schultasche gegen den Kopf. *Zack!*

Einige Sekunden lang hörte ich nichts mehr. Ich sah Mädchen und Jungen, die mit verzerrten Gesichtern etwas riefen, nahm jedoch nur einen schrillen Klingelton wahr. Langsam glitt ein Blutstropfen über mein Kinn, und im Mund hatte ich einen metallischen Geschmack. Jetzt rannen mir die Tränen aus den Augen, als hätte jemand einen Wasserhahn aufgedreht. Auf der Straße gab es keine Häuser oder Bäume mehr. Da gab es nur verschwommene Umrisse und Farben.

»Brett! Hilf mir!«

Matt erwachte aus seiner Erstarrung und zerrte Brett in meine Richtung. Meine Peiniger flohen zurück auf den Schulhof.

»Was willst du denn?«, brüllte Brett.

»Die da!«, keuchte ich und zeigte in die Richtung meiner Angreifer. »Die haben mir wehgetan, weil ich Krebs habe.«

»Ich habe davon nichts mitgekriegt.« Brett wandte sich ab und entfernte sich so rasch, dass man ihn bald nicht mehr sehen konnte.

Matt blieb neben mir, stumm wie die Bäume. Meine geschwächten Beine fühlten sich an, als hätte ein Feuer sie gestreift. Matt nahm mir die Schultasche ab. Dann hörte und spürte ich es: Ein ganz leiser Windstoß erfasste die Zweige der Bäume. Ich war nicht allein. Ich hatte Matt. Ich hatte die Bäume. Sie leisteten uns Gesellschaft.

* * *

Dad stand immer als Allererster von uns auf. Es war sechs Uhr morgens am Samstag, was bedeutete, dass er schon sein Vollkornmüsli gegessen und den *Sydney Morning Herald* gelesen hatte. Jetzt arbeitete er im Garten.

Leise öffnete ich die Schiebetür. Ganz im hinteren Teil des Gartens in der Nähe des Pools konnte ich Dads schlanken Körper in gebückter Haltung sehen. Er jätete

Nussgras. Ich ging barfuß über das von Morgentau noch feuchte Grün und sog die Luft des frühen Morgens ein. Die fühlte sich am besten an – kalt und frisch. Ihr Duft verzauberte einen um sechs Uhr morgens mehr als um zehn Uhr vormittags.

Als ich mich ihm näherte, hörte Dad meine Füße auf dem Gras und erhob sich. Er stand in der Nähe des Baumes mit den seltsamen zylinderförmigen rosa Blüten. Die Vögel liebten diesen Baum mehr als irgendeinen anderen, den Dad um den freistehenden Pool herum gepflanzt hatte.

»Du bist aber früh auf«, begrüßte er mich.

»Ja«, gab ich knapp zurück.

»Wie fühlst du dich denn?«

»Kopfschmerzen habe ich.« Ich rieb mir die Wunden vom vergangenen Nachmittag.

»Das kann ich mir vorstellen«, sagte er. »Umarmung gefällig?« Mit meinen dürren Beinen rannte ich zu Dad und umklammerte seine Taille. Dabei atmete ich Dads Duft nach Rasierschaum und geschnittenem Gras ein. Ich fragte mich, warum er immer nach Gras roch, obwohl er so selten den Rasen mähte. Er wartete darauf, dass ich ihn losließ.

Das tat ich und schaute auf unsere nackten Füße hinunter. Neben meinen wirkten Dads wie die eines Riesen. »Warum hasst mich Brett?«, erkundigte ich mich leise. In der Akazie des Nachbarn keckerte eine Elster.

»Warum glaubst du, dass Brett dich hasst?«, fragte er ruhig zurück. Dabei machte er einige Schritte auf den

Baum mit den seltsamen Blüten zu, was die Vögel aufschreckte, die zwischen den Zweigen spielten.

»Er tut so, als wäre ich gar nicht da, und er will nicht in meiner Nähe sein. Ich glaube, er hasst mich, weil ich Krebs habe.«

Dad pflückte jetzt vorsichtig Blüten vom Baum.

»Als mich diese Kinder gestern gejagt haben, hatte ich solche Angst, und als ich zu rennen versucht habe, ging das nur ein kleines Stück, und dann …«

»Was dann?« Einen Augenblick lang schaute Dad zu mir herunter.

»Wenn meine Beine so kräftig wären wie früher, wäre ich viel schneller gewesen als diese Kids, aber das sind sie nicht mehr, deswegen konnte ich nicht wegrennen.«

Dad hatte jetzt einen dicken Blumenstrauß in der rechten Hand und schlug damit sanft gegen seine linke. »Sehr viele Leute rennen weg, wenn sie Angst haben. Und manchmal werden sie auch wütend und tun schlimme Dinge.«

»Erklär mir einfach nur, warum Brett mich hasst. Diese blöden Kids sind mir egal, aber ich will wissen, warum Brett so gemein zu mir ist.«

»Er hat Angst«, erklärte Dad und hielt in der Bewegung inne.

»Ich hatte auch Angst.«

»Ich kann mir gar nicht vorstellen, welch große Angst du gehabt haben musst.«

»Ich hatte solche *Angst,* Dad.« Jetzt flossen mir

die Tränen. »Ich wünschte, ich könnte rennen. Ich wünschte, ich hätte nie Krebs bekommen. Ich wünschte, ich wäre wieder eine Turnerin.«

»Ich glaube, das alles wünscht sich auch Brett. Ob er das selbst weiß, kann ich nicht mit Sicherheit sagen, aber ich glaube es.«

Ich starrte den riesigen Blumenstrauß in Dads starker Hand an. »Du glaubst also nicht, dass Brett mich hasst?«

»Ich bin natürlich nicht Brett, deswegen weiß ich es nicht sicher, aber die Menschen reagieren seltsam, wenn sie Angst haben. Dann tun und sagen sie manchmal Dinge, die keinen Sinn ergeben.« Dad lächelte mich voller Wärme an. »Komm mal her und schau dir das hier an.« Er winkte mich zu sich. Wo er die Blumen berührt hatte, saßen winzige Wassertropfen auf seiner Hand. Jetzt drehte er sie um, aber die Tropfen fielen nicht ab. Er richtete die Hand wieder nach oben und hielt sie mir hin.

»Probier mal.«

Ich zog ein angewidertes Gesicht.

Er leckte sich einen der Tropfen vom Daumen. »Lecker … Man sollte alles im Leben einmal ausprobieren.«

Mit ausgestrecktem Finger nahm ich einen Tropfen auf. Er fühlte sich nicht an wie ein Wassertropfen. Irgendwie zäher. Ich führte den Finger an die Lippen. Ein süßer Geschmack explodierte förmlich in meinem Mund.

»Oh!«

»Willst du noch mehr?«

Ich nickte und nahm noch einen Tropfen, und dann noch einen.

Woher weiß Dad, dass diese Blüten Bonbons in sich tragen? *Wie schafft es Dad jedes Mal, dass ich mich besser fühle? Woher weiß er immer die Antworten auf alle Fragen? Ich möchte wissen, ob andere Dads auch so schlau sind wie meiner.*

»Dad!«, rief Brett von der Gartentür aus. »Können wir surfen gehen?«

Dad wischte sich die Hände an den Shorts ab. »Klar!«, rief er zurück. »Lass uns mal schauen, ob die Wellen bei Greenhills heute gut sind.«

Dann ging er nach drinnen, den Blütenstrauß in der Hand. Den würde er für Mum in eine Vase stellen.

Ich versuchte, Dad ins Haus zu folgen, doch Brett stand im Türrahmen und ließ mich nicht vorbei. Als Dad uns nicht mehr hören konnte, erklärte er: »Du bleibst hier. Du kannst doch nicht mal surfen.«

Schulterzuckend schubste ich ihn zur Seite und ging nach drinnen, um meinen morgendlichen Tablettenberg einzunehmen.

10. Kapitel: Das brennt

Neuigkeiten sprechen sich im Sutherland Shire schnell herum.

»Für Melissa sieht es nicht gut aus«, sagte Mum. »Sie haben sie aus dem Krankenhaus nach Hause geschickt, um es ihr so angenehm wie möglich zu machen. Sie wird sich nicht mehr erholen. Ihre Mum sagt, sie fragt immer wieder nach dir, aber wir haben darüber gesprochen und entschieden, dass es keine gute Idee ist, wenn du sie besuchst.« Bei diesen Worten klang Mum wie ein Roboter.

Ich starrte auf die Holzfläche des Esszimmertischs, die perfekt geraden Linien aus dunklen und hellen Brauntönen. Dann entdeckte ich einen dunklen Fleck auf den sorgfältig lackierten waagrechten Linien, eine Unvollkommenheit. Was einmal ein Baum gewesen war, war jetzt ein Tisch. Ich konnte Mums Blick auf mir spüren. Die so strikt gezogenen Linien verschwammen, als mir Tränen aus den Augen zu fallen drohten.

Melissa wird sterben, und ich werde sie nie wiedersehen.

Ich ging in mein Zimmer und schloss die Tür hinter mir, obwohl ich wusste, dass ich deswegen womöglich Ärger bekommen würde. Ich setzte mich auf den Boden, zog die Knie unter das Kinn, und dann fielen zitternde Tränen. Ich schluckte, so leise ich konnte, weil ich wusste, Mum wollte nicht, dass ich weinte. Die Tränen fühlten sich an wie Säure und verbrannten mir die Wangen. Mein T-Shirt war feucht vor Rotz und Tränen, aber das war mir egal. Ich wartete darauf, dass Mum die Tür aufmachen oder wenigstens anklopfen würde, aber das tat sie nicht. Sie erlaubte mir, eine unserer Hausregeln zu brechen. Hinter einer Tür, die ich noch nie zuvor geschlossen hatte, verwandelte ich mich in ein gepeinigtes Bündel.

Die Erwachsenen hatten entschieden, dass Melissa und ich uns kein letztes Mal sehen durften. Sie hielten das für das Beste. Sie dachten, es wäre für uns beide zu schwer. Sie glaubten, das Richtige zu tun, aber war es auch das Richtige?

Weil ich Melissa nicht sehen durfte, schrieb ich ihr einen Brief, mit ganz vielen Aufklebern.

Liebe Melissa,
es tut mir so leid, dass es dir schlecht geht. Es tut mir leid, dass ich dich nicht sehen darf. Unsere Mums

haben darüber gesprochen und entschieden, dass es keine gute Idee wäre. Ich würde dich wirklich, wirklich gern besuchen. Weißt du noch, auf deiner Geburtstagsparty? Weißt du noch, wie du das Messer mit Absicht unten angefasst hast, damit du den Jungen küssen konntest, in den du verknallt warst? Das würde ich mich nie trauen. Ich habe noch nie einen Jungen geküsst. Du bist das tapferste Mädchen, dem ich jemals begegnet bin.
Alles Liebe und eine dicke Umarmung von deiner Freundin
Kirsty

Einige Tage später schrieb Melissa zurück:

Liebe Kirsty,
danke für deinen lieben Brief und die Aufkleber. Ich wünschte, ich dürfte dich sehen.
Alles Liebe und eine dicke Umarmung zurück, Melissa

Ihrer Nachricht lag eine Zeichnung von zwei kleinen Mädchen bei, die in einem Park auf der Schaukel zusammen spielten.

* * *

Todesnachrichten kommen immer früh am Morgen. Ich spürte, dass es so weit war. Es fühlte sich an, als holte eine unsichtbare Hand alles aus meinem Bauch, und dann klingelte das Telefon. Mum nahm ab und redete im Flüsterton mit jemandem.

Als sie das Gespräch beendet hatte, ging sie ins Wohnzimmer und sank auf die Couch. Es sah aus, als hätte sie Probleme, ihren Körper aufrecht zu halten. Sie schlug die Hände vors Gesicht. Sie trug immer noch ihren Morgenmantel, und ihr Haar war wild und chaotisch, wie jeden Morgen. Ich kniete mich vor sie und legte ihr den Kopf aufs Knie.

»Es ist schon gut, Mum«, sagte ich.

Die Augenblicke zogen sich endlos hin, und ich saß bei Mum und wartete darauf, dass sie es aussprechen würde. Als sie es irgendwann tat, hielt sie sich immer noch die Hände vors Gesicht.

»Melissa ist heute früh gestorben. Am Freitag ist die Beerdigung. Du bist noch nie auf einer Beerdigung gewesen. Dein Vater und ich werden hingehen, aber wenn du nicht möchtest, werden es alle verstehen.«

»Du kannst das ganz allein entscheiden«, erklärte Dad, der im Türrahmen stand. Er sah aus, als hätte er ein Gespenst gesehen.

Ich war noch nie auf einer Beerdigung. Was werden die Leute von mir denken, wenn ich hingehe und nicht weine? Kann ich den Leuten dann sagen, dass ich meine ganzen Tränen schon allein bei mir im Zimmer aufgebraucht habe?

Eine unsichtbare Macht begann an mir zu zerren … geradewegs auf meine Entscheidung zu.

* * *

Ich hatte mich noch nie ganz in Schwarz angezogen. Mum musste mir schwarze Sachen kaufen, und dazu gehörten Kniestrümpfe, die mich an den Beinen kratzten.

Die Beerdigung fand an einem Ort namens Camelia Gardens statt. Weil der Park sehr schön ist, lassen die Leute dort Hochzeitsfotos machen. Wir folgten dem verschlungenen Pfad und gelangten auf eine Lichtung mit ein paar lila Veilchen. *Lila und Rosa sind Melissas Lieblingsfarben*, dachte ich und dann … *Bumm!* Genau vor mir erschien ein kleiner weißer Sarg mit Griffen aus glänzendem Silber.

Melissa liegt in diesem Sarg.

Irgendetwas in mir drin peitschte auf mich ein. Glasscherben bohrten sich in meinen Hals. Mum versuchte, sich vor mich zu stellen, damit ich den Sarg nicht mehr sehen konnte, aber es war zu spät. Eine Frau erschien, umarmte mich und Mum und sagte: »Es ist in Ordnung. Melissa ist jetzt bei Gott.«

Ich schmiegte mich an Dads Hüfte. Er hielt meinen Kopf mit seiner Hand.

Sei tapfer, befahl ich mir selbst. *Sei tapfer für Mum und Dad.*

Ich schaute wieder zum Sarg. Ich stellte mir vor, ich läge darin, nicht Melissa.

Warum bin ich das nicht da im Sarg?

* * *

Sobald ich nach Hause kam, riss ich mir die kratzigen schwarzen Strümpfe herunter. Dann durchwühlte ich eine Schachtel mit Fotos. Ich fand, was ich suchte, schnitt einen Teil davon zu einem kleinen Herzen zurecht und steckte es in mein Medaillon.

Als sie mir das Medaillon geschenkt hatten, hatten Mum und Dad gesagt, eines Tages könne ich das Foto von einem ganz besonderen Menschen darin aufbewahren.

Kein Mensch wird jemals so besonders sein wie Melissa.

11. Kapitel: Pigeon House Mountain

Schon immer fuhr unsere Familie jedes Jahr zum Camping. Normalerweise landeten wir irgendwo an der Südküste oder in New South Wales. Wir schliefen in einem großen orange-blauen Zelt. Wir schwammen im Meer. Wir wanderten durch den Busch. Jeden Abend ließen wir uns von den Flammen des Lagerfeuers hypnotisieren.

Obwohl ich Krebs hatte, sorgten Mum und Dad dafür, dass wir weiter zum Campen fuhren. Diesmal blieben wir auf dem Campingplatz *Pebbly Beach* im Murramarang-Nationalpark. Ich habe keine Ahnung, wo der Name herkam, denn es gab überhaupt keine Kiesel am Strand, sondern nur Sand, wie an allen Stränden, über die ich je gelaufen war.

Beim Camping leuchtete das Sonnenlicht zum Sonnenaufgang immer am hellsten. Das lag vielleicht daran, dass das Zelt hauptsächlich aus orangefarbenem

Material bestand. In meinen grünen Schlafsack gekuschelt sah ich, dass Tropfen des Morgentaus auf uns gefallen waren, während wir geschlafen hatten. Außerdem konnte ich aus dem Stockbett unter mir Matt hören, der wie ein verschnupfter Riese schnarchte. Dann nahm ich wahr, wie jemand vorsichtig den Reißverschluss unseres Zelts aufzog. Dad wollte Brett wecken, um mit ihm surfen zu gehen. Ich schloss die Augen und stellte mich schlafend. Dann spürte ich, wie mich Dad auf die Stirn küsste. »Brett, auf geht's. Heute Morgen sieht es richtig gut aus mit den Wellen«, flüsterte er.

Ich hörte, wie sich Brett rücksichtslos laut aus dem Schlafsack schälte. Dann wieder ein Reißverschluss, und Brett taumelte aus dem Zeltteil, den er sich mit Danielle teilte. Ich konnte die Kohle vom Lagerfeuer der letzten Nacht riechen. Mit noch immer geschlossenen Augen hörte ich den Kookaburras zu, die uns Camper wachzulachen versuchten. Ich hörte, wie Brett und Dad ihre Surfbretter holten und ihre Flipflops über den Boden schlurften, als sie sich auf den Weg ans Meer machten. Mum, Danielle und Matt schwebten alle noch sanft durch das Land der Träume. Die Kookaburras schienen leiser zu werden, und ich sank in meinem warmen Daunenschlauch und meinem Flanellpyjama zurück in den Schlaf.

Als ich aufwachte, roch es nach Instantkaffee und Vegemite auf Toast. Ich kletterte aus meinem gemütlichen Tunnel und setzte mich zu meiner Familie an den Klapptisch. Mum stellte einen riesigen Plastikbecher mit Orangensirup und einen Styroporbecher mit meinen Tabletten vor mich hin. Ich fing an, meine giftigen Pillen zu nehmen. Meine Familie schlug sich den Bauch mit Kaffee, Ananassaft und Toast voll. Ich schlug mir meinen mit dem Notwendigen voll.

»Wie sieht's aus, klettern wir heute auf den Pigeon House Mountain?«, fragte Dad. Er war surfen gewesen und hatte geduscht, und jetzt wollte er uns alle auf eine Wanderung durch den Busch mitnehmen, an einen Ort, an dem wir noch nie gewesen waren. Er trug eine Pilotensonnenbrille und ein schwarzweißes T-Shirt, das wir ihm zum Vatertag geschenkt hatten.

Eine Tablette blieb mir im Hals stecken, und ich schüttete Orangensirup hinterher. Die Sonne erwärmte den Boden, und winzige Echsen sausten auf der Suche nach dem sonnigsten Fleck umher.

»Warum heißt der Berg denn ›Pigeon House Mountain‹?«, wollte Matt wissen.

»Als Captain James Cook zum ersten Mal in Australien landete, fand er, dass der Gipfel wie ein Taubenschlag aussah, genau wie die, die es bei ihm zu Hause in London gab. Cook hat den Berg einfach nach seinem Aussehen benannt.«

»Wenn es Kirsty zu viel wird, gehen sie und ich einfach nicht ganz bis zum Gipfel«, verkündete Mum.

»Ich schaffe das schon, Mum«, gab ich zurück.

»Warte erst mal ab, wie du dich fühlst«, meinte sie. »Wenn dir schlecht wird oder du zu müde bist, musst du uns das sagen.«

Ich nickte, aber das war nicht die Wahrheit. Ich fühlte mich fast die ganze Zeit krank und müde.

In meinem Bauch tobten die Tabletten.

Wage es ja nicht, dich heute zu übergeben, befahl ich meinem Körper.

* * *

»Am besten geht ihr alle noch mal zur Toilette, bevor wir aufbrechen«, sagte Mum. »Sonst müsst ihr später in den Busch verschwinden.«

Wir erreichten den Fuß des Pigeon House Mountain. Den Gipfel konnte man von hier aus nicht sehen. Nur einen Pfad, der in den Busch führte, und eine Holzbude, wahrscheinlich die schlimmste Stinketoilette der Welt. Nacheinander benutzten wir, was Dad ein »Plumpsklo« nannte. Ein übelriechendes rundes Loch im Boden, das die Leute mit Exkrementen füllten. Als ich die Tür hinter mir schloss, kamen mir die Tabletten hoch, und ich schluckte sie wieder runter. Sie kamen wieder hoch. Ich hielt mir die Nase zu und zwang die Mischung aus halb zersetzten Tabletten und Orangensirup ein weiteres Mal herunter.

Wie tief dieses Loch wohl ist?

Ich schaute in die eklige Grube. Ein Lichtstrahl zerteilte die Kabine und leuchtete nach unten. Ich konnte Ratten zwischen den Exkrementen herumkriechen sehen. Während ich mir weiter mit einer Hand die Nase zuhielt, zog ich mir langsam die Shorts herunter und befahl meinem Körper, zu pinkeln, auch wenn mir der Gedanke kam, dass sicher gleich eine Ratte an meinem Hintern hochkriechen würde. Als ich fertig war, verließ ich eilig den Verschlag.

Auf einem Schild stand, dass hier der Pfad begann. Mum und Dad ermutigten uns bei solchen Wanderungen im Busch immer, alles zu lesen und uns daran zu erinnern, wenn wir wieder zu Hause waren. Ich las laut vor, was da stand: »Die Aborigines nennen den Pigeon House Mountain ›Didthul‹ oder ›Didhol‹, das bedeutet ›weibliche Brust‹«.

Brett stieß Matt in die Seite.

»Die Aborigines haben diesen Namen gewählt, weil der Berg tatsächlich so aussieht wie die Brust einer Frau.«

»Also, ich finde das nicht«, schnaubte Mum.

Innerlich versuchte ich, den Aborigine-Namen des Berges auszusprechen: »Didthul … Didhol …« Ich mochte das Gefühl der Buchstaben im Mund, und ich wiederholte sie für mich immer und immer wieder, während wir durch den Busch gingen. Wie Riesen, die sich an den Händen hielten, bildeten die Bäume ein Dach aus Blättern und Zweigen. Knirschender Kies kratzte an den Sohlen unserer Schuhe, und bald mussten wir große Felsen mitten auf dem Pfad bezwingen. Etwa zwei Stunden kletterten wir schnaufend und keuchend über den steinigen Weg dem Himmel entgegen.

Und dann: »Ach! Schluss jetzt, Peter. Ich klettere da nicht hoch, und ich bin auch nicht sicher, ob die anderen das tun sollten. Wenn ihr stürzt, brecht ihr euch noch euren verdammten Hals.«

Ich schaute auf und begriff Mums Ausbruch. In den Felsen vor uns hatte man lange Steigleitern aus Metall angebracht, die immer höher und höher reichten.

»Aber wir sind doch schon fast auf dem Gipfel!«, protestierte Brett.

»Ich gehe jedenfalls keinen Schritt weiter«, verkündete Mum, verschränkte die Arme vor der Brust und setzte sich energisch auf einen Felsen. »Wie fühlst du dich denn, Kirsty?«

Ich hätte mich am liebsten übergeben, und mir tat die ganze Wirbelsäule weh, aber ich sagte: »Mir geht's gut, Mum.« Ich spürte, dass mein Glatzkopf vor Schweiß glänzte, und mein Herz schlug so heftig, dass ich glaubte, es würde gleich explodieren. »Ich will bis ganz nach oben auf den Gipfel.«

Dad ging zu Mum, und die beiden unterhielten sich leise, damit wir sie nicht hörten. Wir Kinder standen wartend und keuchend da. Irgendwann hatten sie sich offensichtlich geeinigt, denn wir durften alle auf den Gipfel. Mum würde hierbleiben und auf uns warten.

Danielle machte den Anfang, ihr folgte Brett, der zu cool war, als dass er seine Höhenangst irgendwie zugegeben hätte. Dann kletterte Matt nach oben, dann ich, und dann Dad. Vielleicht hatte Dad Mum ja versprochen, er würde uns im Notfall alle auffangen? Weil Dad genau hinter mir kletterte, hatte ich überhaupt keine Angst.

»Ich will, dass ihr alle langsam macht«, wies uns Dad an. »Das hier ist kein Wettrennen. Macht einen Schritt nach dem anderen, und zieht euch erst hoch, wenn ihr mit beiden Händen sicheren Halt gefunden habt und ein Fuß ganz sicher auf der nächsten Stufe steht.«

So krabbelten die Everett-Ameisen mit Ausnahme von Mum eine nach der anderen auf den Berggipfel.

»Juuuuuhuuuuu!«, schrie Brett, die Hände vor dem Mund zum Trichter geformt. »Wir stehen auf einer Riesenbrust!« Wir alle lachten, als Brett auf der Felsplattform einen Siegestanz vollführte.

»Schaut euch nur die Aussicht an«, sagte Dad, als könnte er die Pracht gar nicht fassen. »Kinder, ganz egal, in welche Richtung ihr euch dreht, man sieht nur Himmel und Baumwipfel.« Er wandte sich in eine Richtung, dann in eine andere, als müsste er überprüfen, dass seine Worte auch der Wahrheit entsprachen.

Ich tat dasselbe. Es stimmte. Ich fühlte mich nicht mehr, als müsste ich mich übergeben, und meine Rückenschmerzen waren wie weggeblasen.

»Schau mal! Ich springe auf einem Busen herum!«, quietschte Brett, der herumtobte. Matt machte mit.

Danielle hielt sich eine Hand zum Schutz vor dem Sonnenlicht über die Augen und sah sich um. »Wow ... Ich kann gar nicht glauben, dass Mum all das hier verpasst.«

»Das ist schon okay«, erklärte Dad. »Sie hat Höhenangst.«

Während die Jungs herumhopsten, machte Dad Fotos. Das tat er sehr, sehr gern. Ich weiß noch, dass Mum einmal richtig böse auf ihn wurde, weil er eine ganze Filmrolle für Meerbilder verbraucht hatte. Sie erklärte, das sei Verschwendung. Dad gab zurück, jedes Bild sei einzigartig, weil die Sonne gerade untergehe und sich die Farben veränderten. Ich hatte mir alle vierundzwanzig Bilder angesehen, und Dad hatte wie immer recht gehabt.

Jetzt war es an der Zeit, den Pigeon House Mountain zu verlassen und zurück zu Mum nach unten zu klettern.

12. Kapitel: Methotrexat-Mörder

Bei der Chemotherapie machte mir mit am meisten Sorgen, dass man nie vorher wusste, welchen Assistenzarzt man bekam. Wie viele Versuche würden die Ärzte brauchen, bis es mit der Lumbalpunktion klappte? Wie oft würden sie zustechen, bis sie eine Vene fanden? Wie viele Male würde ich leiden müssen? Der Prof war ein großartiger Mann, aber ich bekam meine Chemo nicht von ihm.

Den schlimmsten Assistenzarzt von allen werde ich nie im Leben vergessen.

Ich saß auf der Behandlungsliege und streckte dem Fremden mit den schmutzigen Brillengläsern und den ebenso schmutzigen Fingernägeln meinen Arm hin, damit er nach einer Vene suchen konnte, aber er war noch nicht bereit. Er sprach nicht mit mir, schaute mir nicht einmal ins Gesicht. Er stand vor der Liege und hatte mir den Rücken zugedreht. Auf der Bank konnte ich den Aktenordner mit meinen medizinischen Informationen und die winzige Phiole mit dem Methotrexat sehen – dieses Medikament sollte ich heute bekommen. Man hatte meinen Körper bereits förmlich in einem Meer von Methotrexat ertränkt.

»Kannst du mir deine Versicherungskarte geben?«, bat er, als er sich endlich zu mir umwandte.

»Die habe ich nicht. Meine Mum hat sie. Die ist gleich wieder da. Sie holt sich nur schnell einen Kaffee.«

»Ohne deine Versicherungskarte können wir nicht mit der Behandlung anfangen«, grummelte er.

»Haben Sie denn das Methotrexat?«, fragte ich, obwohl ich die Antwort schon kannte.

»Natürlich habe ich das Metro … Methi …«

»Methotrexat«, vervollständigte ich und versuchte, dabei nicht allzu besserwisserisch zu klingen.

»Du hältst dich wohl für besonders clever, was?«, knurrte er.

Darauf fiel mir keine Antwort ein.

Mum, bitte beeil dich.

»Gut, wenn du so clever bist, kannst du mir ja sicher deine Patientennummer sagen. Wenn du mir deine Patientennummer gibst, kann ich dir deine Chemotherapie verabreichen.« Er schien den Gedanken zu genießen, dass ich mich gleich blamieren würde.

Ich ballte meine winzigen Hände zu Fäusten und schaute auf ein Poster mit einem hübschen weißen Einhorn an der Wand. Das Einhorn tat mir leid. Ich war sicher, es wollte auch nicht hier sein, hier bei dem Assistenzarzt, der nach Zwiebeln und Kohl stank.

»Zwei, null, vier, acht, drei, sechs, acht«, sagte ich.

»Was?«, fragte er missgelaunt zurück.

»Zwei, null, vier, acht, drei, sechs, acht«, wiederholte ich. »Meine Nummer.«

»Das weißt du auswendig?«, fragte er in sarkastischem Tonfall.

»Na ja, ich habe noch nie vorher darüber nachgedacht, aber ich glaube, sie stimmt. Sie können ja nachschauen«, schlug ich vor.

Er wandte mir wieder den Rücken zu und klappte meine Akte auf. Ich hatte die Hände immer noch fest zu Fäusten geballt.

»Was, hast du gesagt, ist deine Nummer?«, erkundigte er sich.

»Zwei, null, vier, acht, drei, sechs, acht.«

»Du bist aber eine Schlaue. Muss ich jetzt eine Schwester holen, damit sie dich festhält?«

»Nein.«

»Ich hoffe, du trittst nicht nach mir, wenn ich dir deine Spritze gebe. Und weinen wirst du auch nicht, oder?«

»Nein.«

»Also gut. Suchen wir uns mal eine Vene.« Er wusch sich nicht die Hände und zog auch keine Handschuhe über. Dann band er mir das linke Handgelenk ab.

»Also … Die Venen in meiner linken Hand sind nicht gut. Die in meiner rechten sind die besten.«

Er ignorierte mich und rammte mir eine Kanüle in den linken Handrücken. Zog sie wieder heraus und rammte sie wieder hinein, wollte einfach nicht aufgeben, sodass ich einen heftigen, stechenden Schmerz spürte, der meine ganze Hand durchzuckte.

»Du hast dich bewegt. Ich steche nie daneben«, verkündete er.

Er zog die Nadel heraus und versuchte es noch einmal, mit derselben Kanüle. Weitere stechende Schmerzen durchfuhren meine linke Hand. Bei seinen folgenden Versuchen benutzte er jedes Mal dieselbe Kanüle.

»Hör endlich auf, dich zu bewegen. Jetzt versuche ich es mal bei deiner rechten Hand. Aber diesmal hältst du gefälligst absolut still.«

In meiner rechten Hand fand er sofort eine Vene, klebte die Kanüle fest und wandte sich um, um das Methotrexat zu holen. Er zog den gesamten Inhalt der Phiole mit der widerlich gelben Chemikalie auf.

»Ich bekomme aber gar nicht alles!«, rief ich aus. »Nur die Hälfte, und die andere wird weggeworfen!«

»Willst du mir vielleicht erzählen, dass ich nicht weiß, wie ich meine Arbeit zu tun habe?« Er steckte die Spritze mit dem Medikament in die Kanüle auf meinem rechten Handrücken.

»Nein! Bitte nicht! Bitte überprüfen Sie die Dosis!«

Jetzt werde ich mit einer Methotrexat-Injektion umgebracht.

Jemand riss mit einem Ruck die Vorhänge rund um das Behandlungsbett auf.

»Mum!« Die Tränen saßen mir in der Kehle, aber bis in meine Augen schafften sie es nicht. Mum hatte einen Becher mit Kaffee in der Hand.

»Was ist denn los, Liebes?«

»Der will mir die ganze Phiole mit Methotrexat geben!«

Mum schaute auf die Nadel, bereit zur Injektion. »Raus damit! Sie bringen sie ja um! Sie bekommt nicht die ganze Dosis! Haben Sie die Akte nicht gelesen?«

Er machte die Spritze los und ging zur Akte, um nachzusehen.

Mum nahm meine linke Hand in ihre. »Du lieber Gott, wie oft haben Sie denn da zugestochen?«

Der Arzt sagte kein einziges Wort, spritzte jedoch die Hälfte der Flüssigkeit in die kleine Glasflasche zurück, kam dann wieder zu mir und verabreichte mir die korrekte Dosis. Er zog die Kanüle heraus und reichte mir einen Wattebausch, den ich auf das blutige Loch pressen sollte. Seine Achseln rochen schlimmer als die Drogen. Und ich hatte geglaubt, nichts könne schlimmer riechen als Chemotherapie.

13. Kapitel: Noch eine letzte Runde

Über zwei Jahre wurde mein Körper förmlich mit Chemotherapie geflutet. Immer und immer wieder zerstach man mir die Venen, die kurz vor dem Kollaps standen. Ich schluckte Tausende von Giftkapseln. Sie krochen durch meine Speiseröhre in meinen Bauch, wo meine Magensäure sie explodieren und sich auflösen ließ, damit sie sich durch meine Adern tummeln konnten. Man spritzte mir die Medikamente, die mir das Leben retten sollten, in den unteren Rücken. Es war wie eine Invasion. Das glänzende Metall der Nadeln, die Gelbtöne in einem Haufen Pillen und die dunkelbraune Farbe meines Blutes waren mir nur allzu vertraut. Der Anblick dieses Arsenals verblüffte mich nicht mehr. All diese Dinge hatten sich mir aufgedrängt, ihre Freundschaft erzwungen. Um überleben zu können, brauchte ich eine Beziehung zu diesen Objekten, und sie brauchten einen Körper, an den sie sich anpassen und mit dem sie verschmelzen konnten. Ich hatte dem Gift ein Zuhause geschenkt.

Egal wie krank ich mich fühlte – ich arbeitete weiter für die Schule und ging dorthin, so oft ich konnte. Am meisten hasste ich die Lumbalpunktionen im Land der Schreie, der Abteilung »Nur für den Tag«.

Manchmal bekam ich auch eine Behandlung in der »Klinik«. Dafür war ein fensterloser Raum im Krankenhaus vorgesehen. Ein schattendunkles quadratisches Zimmer mit einem großen rechteckigen Kaffeetisch in der Mitte, umgeben von Sofas. Der Tisch war jedes Mal über und über mit Bastelzeug bedeckt – ein gutgemeinter Versuch, uns Kinder von der Realität abzulenken. Es gab auch alle möglichen Kunstwerke an den Wänden: Fotografien von Regenbogen und Wasserfällen und Poster mit Figuren aus Zeichentrick- und Kinofilmen. Leider hätte uns kein Poster dieser Welt, kein Glitter und kein Buntstiftarsenal dabei helfen können, einen Raum voller Glatzköpfe und den Geruch nach Medikamenten zu ignorieren, der uns in die Nasenlöcher kroch.

Die Tage in der Klinik betrachtete ich immer als einfache Chemotage. Meistens verabreichten einem dieselben beiden Schwestern die Behandlung – immer breit lächelnde Frauen, die wie Großmütter wirkten. Sie waren gut im Venenfinden, und wenn sie es einmal nicht beim ersten Mal schafften, entschuldigten sie sich aufrichtig und ausführlich dafür.

Meist erhielt ich in der Klinik »eine Runde Vincristin«. Vincristin kam immer aus einer dicken Spritze und sah aus wie Limonade, weil Bläschen darin blubberten, aber eigentlich konnten es keine Bläschen sein. Wenn ich sage, dass die Spritze dick war, meine ich *wirklich* dick. Dicker und länger als eine Banane.

Heute war ein Kliniktag wie jeder andere. Eine weitere Runde Drogen. Eine weitere Runde metallischer Geschmack im Mund. Ein weiterer Schritt Richtung Ende dieser ganzen grässlichen Behandlungen. Nach der von heute sollte ich noch eine weitere bekommen. Dann, so hatte der Prof gesagt, sei meine Behandlung abgeschlossen.

Als die Schwester eine Vene gefunden und die Kanüle dort befestigt hatte, zog sie sich zum Selbstschutz ihren Raumanzug an und fragte nach meinem vollen Namen und meinem Geburtsdatum.

Ich gab ihr die Informationen.

»Haben Sie die Jelly Beans da?«, erkundigte sich die Schwester.

»Ja«, sagte Mum, und bei diesen Worten holte sie eine Packung Jelly Beans aus der Handtasche und legte mir eine weiße, eine grüne und eine rosafarbene (meine Lieblingssorten) auf die Hand.

»Ach, Scheiße!«, rief die Schwester aus ihrem Raumanzug heraus. Ich musste kichern, weil ich sie noch nie vorher hatte fluchen hören. Es klang fast lieblich. »Ach, Kirsty, bitte entschuldige, so ein schlimmes Wort, aber gerade habe ich gemerkt, dass ich vergessen habe, meine

Brille aufzusetzen.« Sie nickte in Richtung eines vollen Aktenschranks, der über und über mit verblassten Aufklebern übersät war. Ganz obendrauf lag ihre Brille. »Ich muss das jetzt alles wieder ausziehen, mir die Brille aufsetzen und mir einen frischen Anzug anziehen. Es tut mir leid.« Sie nahm die Maske ab, die sie vor dem Mund hatte.

»Warten Sie!«, rief ich. »Ich komme dran, und ich kann sie Ihnen aufsetzen.« Ich legte die Jelly Beans auf die Behandlungsliege und griff nach der Brille. Dann zog ich ihr die Schutzbrille hoch, setzte der Schwester die Brille auf die Nase und schob vorsichtig die Schutzbrille wieder darüber.

»Gut so?«, erkundigte ich mich.

»Ja. Perfekt.« Sie nahm sich die Monsterspritze, und ich steckte mir die Jelly Beans in den Mund. »Bereit?«, fragte die Schwester.

Ich nickte.

Sie drückte mir die Limonadenflüssigkeit in die Vene. Weil die Spritze im Kühlschrank gelegen hatte, fühlte sie sich eiskalt an; ein Blizzard schoss mir den Arm hoch, und Mum rieb ihn mit ihrer warmen Hand. Ich kaute auf den Süßigkeiten herum. Die Jelly Beans taten ihr Bestes, um meine Zunge vor der ganzen Wucht des Vincristins zu schützen, aber das Medikament war zu stark. Eine Explosion aus Metall gemischt mit Zucker beherrschte meinen Mund. Mum rieb immer weiter meinen Arm, beschwor das grässliche Eismonster, etwas von mir abzulassen.

Auf dem Heimweg im Auto spürte ich, wie mein Blut zu blubbern und zu bitzeln begann, als wäre es Fanta. Die Chemotherapie breitete sich in mir aus. Mein Blut wurde wachsam, Adrenalin durchflutete es. Das Blut wusste, dass das Gift tödlich sein könnte. Dann wurde es dick und klebrig wie Honig, zu sirupartig, als dass es ungehindert durch meinen Körper hätte fließen können. Die Medizin war jetzt ein Teil von mir. Mein Körper musste ihr erlauben, in meine Zellen einzudringen, zugleich aber verhindern, dass ich dabei umkam. Ein vergleichbares Gefühl habe ich nie wieder erlebt.

Ich versuchte, langsam und tief zu atmen, aber das ist schwer, wenn sich das eigene Blut in Zement verwandelt hat. Im Stillen wünschte ich mir, die Chemotherapie würde funktionieren, damit ich nie wieder würde spüren müssen, wie sich das Honigblut so unendlich langsam in mir bewegte.

* * *

Der letzte Tag der intravenösen Chemotherapie war gekommen. Meine Rückenmarksflüssigkeit und mein Rückenmark waren klar, und ich sollte meine letzte Dosis Vincistrin bekommen. Mum fuhr über Brighton-Le-Sands, damit wir auf dem Weg nach Randwick das Wasser sehen konnten.

»Es wirkt jedes Mal anders.« Das sagte Mum immer, wenn wir diese Route zum Krankenhaus nahmen, und sie hatte recht. Heute war der Himmel bedeckt, und das Meer hatte eine graublaue Farbe, mit kurzen, starken Wellen.

Vor der Behandlung wollte mich der Prof sehen, damit er mein Blut auf einem Objektträger unter sein Mikroskop legen konnte. Vielleicht wusste mein Blut, dass heute der letzte Tag war, an dem es misshandelt werden sollte, und vielleicht war es in kooperativer Stimmung, denn diesmal hatte die Schwester kein Problem, das Röhrchen vollzubekommen. Der Prof ließ einen dunklen Tropfen auf eines seiner Glasrechtecke fallen. Als er den Objektträger unter dem Mikroskop befestigte, klickte das Glas.

Ewig lang starrte er den Tropfen an.

Was sieht er wohl? Wonach sucht er? Was, wenn heute gar nicht mein letzter Behandlungstag ist?

Er wandte den Blick nicht vom Mikroskop ab, als er fragte: »Was steht für heute auf dem Plan, Kirsty?«

Wir beide kannten die Antwort, aber ich spielte das Spiel mit. »Nur eine Runde Vincristin«, gab ich zurück, während sich mein Mund und meine Kehle in eine trockene Wüste verwandelten.

Hier stimmt etwas nicht.

»Weißt du was? Ich glaube, das Vincristin können wir weglassen. Ich denke, du hast genug Chemotherapie gehabt. Ich denke, wir können deine Behandlung heute abschließen.«

Mum und ich sahen uns an, weil wir nicht sicher waren, ob wir gerade richtig gehört hatten. »Sie meinen, das war's?«, fragte Mum nach. »Sie ist fertig mit der Behandlung, und wir können gehen?«

»Ja«, bestätigte er. Jetzt sah er uns an und schob seine Lesebrille zurecht. »Die nächsten paar Monate musst du noch weiter Tabletten nehmen, und ich möchte, dass du in einem Monat für ein Blutbild herkommst, aber ansonsten – wir sind fertig. Du kannst zu Hause bleiben oder zur Schule gehen. Du kannst gehen, wohin du möchtest.«

»Ach, das ist ja großartig«, sagte Mum. Sie war so schockiert, dass sie sich nicht rühren konnte. »Vielen Dank für alles.«

»Gern geschehen«, erwiderte der Prof mit einem Lächeln. »Schau, dass es dir gut geht, und wenn du dir wegen irgendetwas Sorgen machst, rufst du mich einfach an.«

»Danke«, sagte ich.

Ich habe es geschafft. Ich habe überlebt. Jetzt sollte ich wohl ein Rad schlagen oder sowas, aber das letzte Rad ist so lange her, dass ich nicht genau weiß, ob mein Körper noch weiß, wie das geht.

Mum hatte die Jelly Beans für meine Vincristin-Behandlung schon gekauft, aber jetzt konnte ich ihr sagen, dass Matt sie haben sollte, als Belohnung nach der Schule. Auf der Rückfahrt hörten wir keine Musik. Wir waren beide ganz still, bis wir wieder durch Brighton-Le-Sands fuhren.

»Jetzt sieht das Wasser anders aus«, meinte Mum. Der Tag war nicht länger grau und bedeckt. Die Sonne hatte sich durch einen Wolkenspalt gequetscht, und ihr Licht erstreckte sich bis zum Horizont über das Wasser. Das Graublau hatte sich in ein glänzendes Türkis verwandelt, wie Glas.

»Wo möchtest du denn jetzt hin?«, wollte Mum wissen. »Wir müssen deinen Vater anrufen, aber danach fahre ich dich, wohin du willst.«

»Kann ich in die Schule?«

»Natürlich.«

* * *

Mum rief Dad an, sobald wir zu Hause ankamen. Was er zu Mum sagte, konnte ich nicht hören, aber bald gab sie mir den Hörer. »Er möchte mit dir reden.«

»Hi, Dad!« Meine Stimme war rau vor Begeisterung und Freude.

»Also … Keine Chemo mehr«, sagte er.

»Yep.«

»Ich bin sehr stolz auf dich. Wenn ich heute Abend nach Hause komme, brauche ich eine ganz besondere Umarmung von dir, und dann überlegen wir uns einen coolen Tagesausflug zum Feiern. Jetzt lege ich aber auf, damit du in die Schule kannst.«

»Okay. Tschüss, Dad.«

Als wir in der Schule ankamen, war es fast halb zwölf, und es fand gerade eine Versammlung statt, sodass es draußen kaum jemanden gab, dem wir unsere Neuigkeit hätten mitteilen können. Wir erzählten es der Dame im Vorzimmer, die zu weinen begann und uns beide umarmte. Eine der Lehrerinnen für die jüngeren Kinder stand am Kopierer und hörte alles mit.

»Wie fühlst du dich denn jetzt?«, wollte sie wissen und wirkte dabei aufgeregter als Mum und ich.

»Ich weiß nicht … Gut«, gab ich zurück.

Ich weiß nicht, wie ich mich fühle. Ich bin zwölf Jahre alt, und ich habe den Krebs besiegt.

»Ich denke, wir stehen noch ein bisschen unter Schock«, erklärte Mum. »Wir hatten heute Morgen mit einer weiteren Runde Chemotherapie gerechnet, aber dann wurden wir nach Hause geschickt, und sie haben gesagt, Kirsty hat die Behandlung hinter sich.«

Ich habe die Behandlung hinter mir. Ich habe die Behandlung hinter mir. Ich habe die Behandlung hinter mir.

* * *

An diesem Wochenende fuhr Dad mit unserer Familie und einer Gruppe unserer Freunde ins Australia's Wonderland. Achterbahnen und Autoscooter waren eine ziemlich gute Methode, um zu feiern, dass ich nicht sterben musste, fand ich. Nächstes Jahr würde ich an die Highschool gehen, und dann wäre ich nicht mehr »das Mädchen mit dem Krebs« an der Schule. Ich wäre einfach nur ein Mädchen an der Schule.

14. Kapitel: Die Vorzeigepatientin

Inzwischen besuchte ich die Highschool. Mein Haar war wieder so lang, dass Mum es flechten konnte, und ich hatte es mir zur Mission gemacht, alles im Leben mitzunehmen, was ging.

Sobald ich im siebten Schuljahr war, machte ich überall mit. Ich trug mich für Gesangsunterricht ein, für den Debattierklub, für Rhetorik, Tanzen, Theater und Akrobatik – fürs Turnen aber nicht. Meine Chance auf Olympia war mir von der Leukämie gestohlen worden, deswegen blieb der Gedanke an das Turnen einfach zu schmerzhaft. Das war aber in Ordnung, denn meine Wochenenden füllten sich nun mit Theateraufführungen und Veranstaltungen, die junge Menschen mit Krebs unterstützen sollten.

Das erste Event werde ich nie vergessen. Mum hatte über den Rundbrief des Krankenhauses alle wissen lassen, dass ich gern öffentlich sprach und Shakespeare vortrug, und an einem Wochenende bat mich der Prof, an die University of New South Wales zu kommen, um ihn bei einer Veranstaltung für an Krebs Erkrankte und Überlebende zu unterstützen. »Das ist nur ein kleines Treffen für Patienten und ihre Familien«, sagte er. Ich dachte, es wäre sicher auch für Mum und Dad gut, wenn sie mitkämen. Wir hatten nie wirklich darüber gesprochen, wie wir alle uns während meiner Krankheit gefühlt hatten. Vielleicht tat es ihnen ja gut, darüber zu reden – jetzt, wo ich in Remission war; und mit Leuten, die aus eigener Erfahrung wussten, was meine Eltern durchgemacht hatten.

Bei unserer Ankunft schob mich der Prof durch ein Flurlabyrinth und erklärte mir, es gebe da »nur ein paar Leute«, die gern meine Geschichte hören wollten: dass ich Krebs gehabt hatte, es mir aber jetzt wieder sehr gut ging. »Wäre es okay für dich, wenn du ein paar Leuten erzählst, was du durchgemacht hast und wie dein Leben jetzt aussieht?«

»Klar«, gab ich zurück.

Er schob eine doppelte Tür auf, die in einen riesigen Hörsaal führte. Es gab wohl zweihundert Plätze, und jeder Platz war besetzt. In der Menge entdeckte ich glatzköpfige Kinder mit Krebs.

Der Prof trat ans Rednerpult. »Danke, dass Sie alle heute gekommen sind. Ich möchte Ihnen nun eine ganz besondere junge Frau vorstellen. Sie heißt Kirsty, und jetzt überlasse ich ihr meinen Platz, denn sie kann wunderbar über sich selbst sprechen.«

Hilfe!

Klopf-hämmer. Klopf-hämmer. Klopf-hämmer. So viel Arbeit hatte mein Herzmuskel noch nie im Leben gehabt. Manche der Eltern hatten Spucktüten aus Plastik in der Hand, weil sich ihr Kind jeden Moment übergeben konnte. Obwohl wir hier an einer Universität waren, folgte der Geruch nach Krebs und Krankenhaus diesen Familien nach. Meine Nase schreckte förmlich zurück, als ich mich daran erinnerte, wie ich selbst so gerochen hatte – nach einer Mischung aus Desinfektionsmittel, Tabletten und möglichem Tod.

Klopf-hämmer. Klopf-hämmer. Klopf-hämmer.

Ich weiß ganz genau, wie sich jedes einzelne Kind in diesem Hörsaal gerade fühlt, und ich möchte mich nie wieder so fühlen. Ich will leben. Ich will helfen. Ich muss jetzt sprechen.

Und so trat ich vor das Pult (mich dahinter zu stellen hätte sich nicht richtig angefühlt), mein Mund öffnete sich, und ein gleichmäßiger Strom aus Wörtern floss heraus.

»Guten Morgen allerseits. Ich versuche, es kurz zu machen, denn wenn ich mir einige hier im Saal so ansehe, denke ich, dass sie es zu Hause ein bisschen bequemer haben. Ich bekam die Diagnose Krebs mit neun Jahren. Jetzt bin ich in Remission, und mein Leben ist so abwechslungsreich wie nie zuvor. Inzwischen bin ich genauso gesund wie vor meiner Krankheit. Ich weiß, wenn man gerade eine Chemobehandlung durchmacht, ist das schrecklich, aber wenn ich es schaffen kann, könnt ihr das alle.« Ich sprach noch eine Weile darüber, wie ich mit den Schularbeiten weitergemacht hatte, während ich krank war, und darüber, wie gut ich mich jetzt fühlte, und dann … Applaus. Manche Eltern weinten. Mein Herz hämmerte nicht mehr, es arbeitete jetzt ohne Probleme.

Ich rannte zu Mum und Dad. Dad umarmte mich und flüsterte: »Ich bin sehr stolz auf dich.«

»Aber Dad, ich habe doch nur über mich selbst …«

»Nein, du hast so viel mehr getan als das.«

Von diesem Augenblick an wurde ich zur Vorzeigepatientin für das Überleben von Krebserkrankungen.

* * *

Wer genießt das nicht, den angenehmen Stoff eines nagelneuen weißen T-Shirts auf der Haut? Es war mir sogar egal, dass ich problemlos noch einen Sasquatch-Bigfoot darin hätte unterbringen können, so weit war es. Vorne drauf stand »Ich unterstütze die *Children's Leukaemia and Cancer*-Stiftung«. Darunter war eine Comicfigur abgebildet: ein junges Mädchen mit Rattenschwänzen, das Räder schlug. Auf der Rückseite stand »Machen Sie doch mit!«.

Mir wäre kein einziger Grund fürs Nichtmitmachen eingefallen.

Die Luft des frühen Morgens erfrischte meine Nasenlöcher. Ich zog das Riesenshirt zurecht und versuchte es mir vergeblich in die schwarzen Shorts zu stecken – es passte immer noch nicht.

Ein Mann, dem ich noch nie zuvor begegnet war, hatte mich gebeten, bei einem Wettlauf in Bundeena zu sprechen, dem Luke Savage Memorial Relay. Nach meinem Debüt an der Universität und wegen meiner neuen Rolle als Vorzeigeüberlebende einer Krebserkrankung wurde ich nun regelmäßig gebeten, bei solchen riesigen Veranstaltungen als Rednerin zu erscheinen. Ich habe keine Ahnung, wie die Leute mich aufspürten, aber als dieser Mann bei uns angerufen hatte, sagte er, sein Name sei Wayne und die Veranstaltung ein Wettlauf für die *Children's Leukaemia and Cancer*-Stiftung. Er bat mich, ich solle eine kurze Rede halten und dann das Rennen starten. Natürlich sagte ich zu. Das tat ich immer, wenn es bei einer Veranstaltung darum ging, Menschen mit Krebs zu helfen. Ich erklärte ihm, dass ich keine Läuferin mehr war, aber gern beim Walking-Teil mitmachen würde. Das schien ihm sehr recht zu sein.

Als der Tag gekommen war, suchte ich in einem Wald schlanker Beine in Neonshorts nach Wayne. Ich musste ihm ja Bescheid sagen, dass ich hier war und dass ich bereit war, alles zu tun, wofür er mich brauchte.

»Kirsty?«, hörte ich eine Stimme.

»Ja! Sind Sie Wayne?«

»Ja.« Er schüttelte mir so kräftig die Hand, dass ich dachte, er wolle mir den Arm abreißen. »Ganz herzlichen Dank, dass du heute gekommen bist.«

Wayne war etwa so alt wie mein Dad. Er hatte

blonde Haare und war braun gebrannt. Man konnte erkennen, wie viel Zeit er schon in der Sonne verbracht hatte, denn winzige Fältchen hatten sich rund um seine Augen eingegraben. Wie ich später erfuhr, hatte Wayne eine Eventmanagement-Agentur gegründet und war nun ihr Geschäftsführer. Er hatte denselben Effekt auf Leute wie eine Dose Red Bull: Eine Begegnung mit ihm war wie eine zuckrige Koffeininjektion und gab einem das Gefühl, man könnte alles erreichen, und zwar mit einem Grinsen im Gesicht.

Über uns bildeten die Gummibäume ein verschlungenes Dach, und das kalte Gras mit dem Morgentau quietschte unter den Turnschuhsohlen der Leute. Die langbeinigen Fremden grinsten mich an, nachdem ich meine Ich-habe-überlebt-Rede gehalten hatte. Die Lokalzeitung, der *St George & Sutherland Shire Leader*, machte ein Foto von mir, als ich das Rennen mit einem rotgelben Signalhorn für eröffnet erklärte. Ich absolvierte den fünf Kilometer langen Walking-Teil, und dabei musste ich durch Buschgebiet, ich musste durch das Wasser waten, das die anderen Läufer mit ihren langen Beinen einfach durchpflügten, dann ging es am Strand entlang und zurück zum Ausgangspunkt. Ich war die Erste in der Walking-Gruppe und landete deshalb auf der Titelseite des *Leader*. Die Schlagzeile des Artikels lautete: »Mit erst dreizehn Jahren ist Kirsty wirklich eine glückliche Gewinnerin.«

Immer mehr Anfragen für Veranstaltungen und Artikel erreichten mich über die Jahre, und ich sagte nie

Nein, aber meine Lieblings-Events waren immer die mit Wayne. Er schrieb mir nie vor, was ich sagen sollte oder wie ich es sagen sollte. Er sagte nie, wie lange ich sprechen sollte. Ich solle einfach nur ich selbst sein und beim Sprechen meine wahren Gefühle zeigen.

Ich erinnere mich, dass einmal jemand zu mir sagte, ich solle während meiner Vorträge nicht so viel lächeln. Außerdem wollte man, dass ich meine schauspielerischen Fähigkeiten einsetzte und so tat, als müsste ich weinen, weil die Leute dann Mitleid mit mir bekommen und mehr Geld spenden würden. Darauf ließ ich mich nie ein. Es wäre falsch gewesen, und außerdem würde eine »glückliche Gewinnerin« nie so etwas tun.

15. Kapitel: »Mission Remission«

»Sag mal, Kirsty, du spielst doch auch außerhalb der Schule Theater, oder?«, fragte Ben.

»Ja, wieso?«, fragte ich zurück und warf meine Schultasche hin. Ich hatte meine Freunde Ben, Jeff, Greg und Debbie an unserer Lieblingsstelle getroffen, bei ein paar langen Metallbänken auf einer großen Fläche mit saftig grünem Gras, die am Basketball- und Fußballplatz unserer Schule lag. Um uns herum standen riesige Gummibäume; wenn man Schatten suchte oder in die Sonne wollte, brauchte man einfach nur ein paar Bänke weiter zu rücken. Heute hatten wir uns für die Bänke in der Sonne entschieden.

»Wann ist denn die nächste Aufführung?«, erkundigte sich Ben. Sein dunkelbraunes Haar war kurz und dick wie Stahlwolle, und es ließ die grünen Flecken in seinen haselnussbraunen Augen noch stärker leuchten. Er hatte immer ein freches Glitzern im Blick.

»In ein paar Wochen gibt es wieder eine Show. Wir führen ein Stück namens *So Much to Tell You* von John Marsden auf, und ich spiele eine ganz gemeine Frau namens Kate. Ich darf sogar auf der Bühne jemanden hauen. Das wird ein Riesenspaß.«

Während der vergangenen vier Jahre hatte ich beim Amateurtheater mitgemacht. Mum und Dad hatten damals gemeint, das wäre nach der Chemotherapie gut für mich. Sie machten sich Sorgen, ich wäre jetzt zu schüchtern und hätte Probleme, an der Highschool Freunde zu finden. Dann sahen sie meine erste Aufführung – Shakespeares *Sommernachtstraum*: Ich hatte die begehrte Rolle des Puck ergattert, und irgendwie, so stellte sich heraus, war noch etwas aus meiner Zeit als Turnerin in mir, sodass ich ein bisschen Akrobatik in meine Darbietung einbauen konnte.

Je länger ich mich in Remission befand, je länger mein Haar wuchs, mit jeder Fundraising-Veranstaltung, bei der ich als Überlebende erschien, machten sich meine Eltern weniger Sorgen. Ich ging inzwischen in die zehnte Klasse, und vielleicht lag das am Theaterspielen, aber ich hatte sicher nicht zu wenige Freunde in meinem Leben.

»Wir möchten dabei sein, wenn du auftrittst«, erklärte Geoff. Ich hatte ihn »GuRie« getauft – nach der Figur aus dem Buch *Sophiechen und der Riese* von Roald Dahl – mit seinen beeindruckenden 194 Zentimetern überragte er uns alle; und wie Dahls Riese war er ein gutherziger Typ. Weil ich so klein war, sah sein schmutzigblondes Stachelhaar für mich aus wie Ananasgrün.

»Das wäre großartig«, sagte ich. »Aber setzt euch bloß nach hinten. Ich mag es nicht, wenn ganz vorne Leute sitzen, die ich kenne.«

»Klar, kein Problem«, versprach Ben.

»Super.« Ich griff in meinen Rucksack und gab beiden eine Broschüre mit Informationen über die Aufführung. Das Schuljahr neigte sich dem Ende zu. Bald wären wir alle in der elften Klasse, und dann würde es ernst mit der Schule, aber im Moment konzentrierten wir uns alle darauf, so viel Spaß wie möglich zu haben und so viel Zeit miteinander zu verbringen, wie es ging.

In der Grundschule war ich das Mädchen mit dem Krebs gewesen, aber an der Highschool war ich die Kluge, die Theaterschauspielerin, die Sängerin, die Tänzerin, die Akrobatin; ich sprach öffentlich, gehörte dem Schülerrat an, hatte Skydiving ausprobiert und war mit Haien geschwommen. Ich war diejenige, die alles tat, um alles im Leben mitzunehmen und zu genießen, denn ich hatte etwas daraus gelernt, »die mit dem Krebs« gewesen zu sein: Man muss das Leben bis obenhin mit so vielen Dingen wie möglich füllen, die einen glücklich machen.

16. Kapitel: Jungs und Nacktschnecken

Klopf, hämmer. Mein Herz sprengte mir fast die Brust. Ich atmete tief durch die Nase ein, und die Nervosität durchflutete mich, drang in meine Arme und versorgte meine Arme und Beine bis zum Anschlag mit Adrenalin. Ich brauchte etwas, und die Chance, dass ich es bekommen würde, war eher gering.

Mein Schicksal lag in den Händen eines einzigen Jungen. Doch so hoffnungslos die Lage auch war, ich hatte einfach keine Wahl. Nur er konnte mir helfen, deswegen ging ich zu ihm, und es war, als müsste ich meinen Platz vor einem Exekutionskommando einnehmen.

»Was willst du?«, fuhr mich Brett an, der im Wohnzimmer auf dem Boden saß. Er schaute nicht auf, sondern starrte weiter auf den Fernsehbildschirm. Mit seinen starken Händen rüttelte er am Controller der Nintendo-Konsole, während er in rascher Folge Knöpfe drückte und sein *Mortal Kombat*-Spiel zu gewinnen versuchte.

»…« Ich bekam kein Wort heraus.

»Fernsehen kannst du vergessen. Mum hat gesagt, ich darf heute Abend so lange spielen, wie ich will.« Sein kupferfarbenes Haar ließ ihn noch temperamentvoller als sonst wirken. Als wären seine Locken in Wahrheit Flammen. Die Sommersprossen waren aus seinem Gesicht verschwunden, so angestrengt versuchte er, die Figuren im Spiel zu besiegen.

Ich setzte noch einmal an. »Also …«

»Scheiße!«, schrie er, und auf dem Fernsehbildschirm blinkte mein Schicksal auf.

GAME OVER!

»Brett!«, erklang Mums Stimme aus der Küche. »Du kannst spielen, so lange du willst, aber geflucht wird in diesem Haus nicht!«

»Sorry, Mum!« Brett warf den Controller hin und stand auf. Kritisch inspizierte er meinen Körper, von den Füßen bis zu meinem unglücklich dreinblickenden Gesicht. »Warum trägst du so ein enges Top? Soll das sexy aussehen oder was? Wo willst du denn hin?«

»Auf Kathys Party zu ihrem sechzehnten Geburtstag. Die ist in Wollongong«, erklärte ich.

»Wollongong? Wie willst du denn da hinkommen?« Plötzlich begriff mein Folterknecht nur zu gut, warum ich vor ihm stand. Ein teuflisches Lächeln glitt über sein Gesicht. »Ach … Du brauchst einen großen Bruder, der dich hinfährt.«

Das stimmte. Dad und Matt waren im Kino, Danielle besuchte eine Freundin, und Mum hatte gesagt: »Ich weiß nicht, ob es eine gute Idee ist, dich so weit zu einer Party zu fahren. Ist dir klar, dass ich Kathy schon ein paar Mal in Gymea rauchen gesehen habe?« Wenn Brett mir nicht half, würde die Party ohne mich stattfinden.

Nun war er gekommen – der Moment der Wahrheit. »Würdest du mich bitte hinfahren und wieder abholen?«

»Klar«, sagte Brett ganz locker, und einen Augenblick lang war ich so gelähmt, als hätte er mich getasert. »Es gibt da nur eine Sache, die du vorher für mich tun musst.«

Ich stemmte die Hände in die Hüften. »Was willst du?« Ich war ihm völlig ausgeliefert, ganz machtlos, und Brett genoss jede einzelne Sekunde.

»Du brauchst nur zu sagen, Brett ist der Champion.« Er grinste triumphierend.

»Brett ist der Champion«, murmelte ich.

»Entschuldige, ich habe das nicht ganz verstanden. Meinst du, du kannst das noch mal wiederholen, ein bisschen lauter und deutlicher?«

»Brett ist der Champion.«

Etwa zwei Stunden später war ich auf Kathys Party. Während der Fahrt hatte Brett kein einziges Wort zu mir gesagt, doch ich wäre auch gar nicht imstande gewesen, etwas davon zu hören, denn aus den Lautsprechern tönte laut die Musik von *Metallica*. Bei meiner

Ankunft rannte Kathy auf mich zu und führte mich in ihre Waschküche. Im Waschbecken lagerte jede Menge Alkohol auf Eis.

Kathy war seit dem ersten Tag im Kindergarten meine Freundin. Ich weiß noch, dass ich Mum gefragt hatte, wie man Freundschaften schließt, wenn man an die Schule für große Kinder kam, und sie hatte mir erklärt, das sei einfach, man müsse einfach nur auf jemanden zugehen, sich vorstellen und fragen: Möchtest du mit mir befreundet sein? Genau das hatte ich an meinem ersten Tag in der Grundschule gemacht, mich sofort mit Kathy angefreundet und damit bewiesen, dass Mum recht gehabt hatte und dass es tatsächlich sehr einfach war, eine Freundin oder einen Freund zu finden. Obwohl Kathy und ich verschiedene Highschools besuchten, hatten wir immer noch Kontakt. Wir telefonierten, schrieben uns Briefe und besuchten am Nachmittag denselben Gesangsunterricht. Wir waren sogar ein paar Mal zusammen aufgetreten, im Westfield-Einkaufszentrum und bei mehreren Wettbewerben.

»So«, verkündete Kathy, während sie das Eis durchwühlte. »Was willst du denn trinken?«

»Nichts«, antwortete ich.

Kathy unterbrach ihre Wühlerei und schaute mich verärgert an. »Alle da draußen trinken Alkohol. Du wirst schon auffallen, weil du nicht auf unsere Schule gehst und weil du die Kleinste hier bist. Ich denke wirklich, du solltest was trinken.«

Ihr Kommentar fühlte sich an wie ein Schnitt ins

Herz. Plötzlich war ich den Tränen nahe. Ich denke eigentlich nur daran, wie klein ich bin, wenn Leute das erwähnen. In letzter Zeit war ich so unglaublich glücklich gewesen, dass ich gar nicht so sehr darüber nachgedacht hatte, dass ich wegen der Chemotherapie für immer sehr klein bleiben würde. Und das, obwohl ich für den Rest meines Lebens bei 144 Zentimetern festsaß. Trotzdem wollte ich lieber klein sein als tot. Doch Bemerkungen über meine Körpergröße waren wie eine Krankheit, von der ich nicht genesen konnte. Seltsamerweise würde ich nie zu jemand anderem sagen: »Mensch, du bist aber groß« oder »dick« oder »Du hast eine große Nase«, aber aus irgendeinem Grund glauben die Leute, es ist in Ordnung, wenn sie erwähnen, wie klein ich bin.

Nicht weinen, sagte ich zu mir. *Du lässt dir jetzt von Kathy einen Drink geben und hältst den einfach in der Hand. Das ist schon okay. Immer lächeln. Du hast schon Schlimmeres überstanden als das hier.*

Ich sog eine Extraportion Luft durch die Nase ein. »Bier trinke ich nicht. Das ist widerlich.« Im Waschbecken befanden sich vor allem kleine Flaschen Victoria Bitter.

Kathy zog ein grünes Glasfläschchen heraus. »Hier. Strongbow. Das ist wie Apfelwein.« Sie öffnete den Verschluss und reichte mir die Flasche. »Probier mal«, befahl sie mir.

Ich gehorchte. »Igitt!« Ich verzog das Gesicht, als mir die Flüssigkeit durch die Kehle glitt. Das schmeckte, als hätte jemand Apfelsaft mit Nagellackentferner gemischt.

Jetzt öffnete Kathy ein VB und reichte es mir. »Und jetzt versuchst du das hier.«

»Was?!«

»Vertrau mir«, insistierte sie. »Nur einen Schluck.«

Ich tat es.

»Und jetzt einen Schluck Strongbow.«

Ich starrte sie aufgebracht an, während ich widerwillig einen zweiten Schluck von dem Strongbow trank.

»So«, sagte sie. »Welches findest du widerlicher?«

»Das Bier!«

»Cool! Dann nimmst du das hier.« Sie nahm mir das Victoria Bitter weg und schüttete es selbst runter. Dann schubste sie mich nach draußen in den Garten.

Dort saßen ein paar Jugendliche an einem Picknicktisch, Jungen und Mädchen. Mein Blick wurde von einem Jungen mit dunkelbraunen Haaren angezogen. Seine Augen waren so blau, dass sie wie kleine Lichter aussahen, die aus seinem Gesicht hervorleuchteten, und er hatte sehr stark gebräunte Haut, fast wie Kakao.

»Das ist Kirsty, meine älteste und beste Freundin auf der ganzen Welt«, verkündete Kate, während sie mir lässig einen Arm um die Schultern legte. »Sie kennt hier niemanden, also passt auf, dass ihr auch nett zu ihr seid.« Dann entdeckte sie jemanden weit hinten im Garten. »Daniel! Was zur Hölle machst du da? Ich habe dir doch gesagt, du sollst nicht den ganzen Jim Beam trinken!« Kathy rannte weg.

Jetzt schaute mich der Junge mit den blauen Augen an. Ich lächelte ihn an, und er lächelte zurück.

»Hallo allerseits«, sagte ich. »Ihr braucht nicht nett zu mir sein, nur weil Kathy das gesagt hat. Ihr könnt mich auch gern erst kennenlernen und dann entscheiden, ob es sich lohnt, nett zu mir zu sein.«

Der Junge mit den blauen Augen lachte. »Setz dich zu uns«, forderte er mich auf. Er rutschte ein Stück auf der Bank und machte so Platz für mich.

Bleib jetzt cool. Benimm dich normal. Sag nichts Blödes, befahl ich mir energisch. Ich setzte mich hin und trank einen Schluck des zuckersüßen Nagellackentferner-Apfelweins. Alle anderen tranken stärkeren Alkohol, und manche rauchten auch Zigaretten. Ich nahm mir vor, hin und wieder von dem Strongbow zu trinken, damit es so aussah, als würde ich in die Runde passen.

Nach etwa einer halben Stunde Small Talk wandte sich der Junge mit den blauen Augen an mich. »Hey, mir ist was an dir aufgefallen.« Er sprach so leise, dass nur ich ihn hörte.

»Ach ja?« Ich versuchte, cool zu klingen, aber meine Stimme quietschte ein bisschen.

»Als Erstes ist mir aufgefallen, dass du total süß aussiehst. Und dann, dass du seit einer Stunde denselben Drink in der Hand hast.«

Huch! Der Junge mit den blauen Augen hatte gerade zu mir gesagt, ich wäre süß. Moment! Er hat auch einen Fehler bemerkt. Ich trinke nichts.

Er schaute mir weiter direkt in die Augen. Es war, als

würden in meinem Bauch Brausebonbons zischen und blubbern.

Was mache ich denn jetzt? Du liebe Zeit, dieser Typ ist wirklich heiß.

Vor lauter Schreck griff ich zur Ehrlichkeit. »Ich mag keinen Alkohol, aber Kathy hat mich gezwungen, das hier zu trinken.« Ich griff nach meinem Medaillon und hielt es fest in meiner Faust.

Ich frage mich, ob Melissa mich jetzt sehen kann ... Ich weiß, sie würde mir sagen, ich soll nicht so nervös sein, nur weil gerade ein total heißer Typ mit mir spricht.

Er nahm mir die Flasche aus der Hand, die inzwischen ganz warm war, und trank sie leer. Dann gab er sie mir zurück. Niemand außer mir hatte es mitbekommen.

»Du magst das Zeugs wohl«, kommentierte ich.

»Nee. Schmeckt scheiße, aber wenn Kathy jetzt kommt, wird sie denken, dass du es getrunken hast.« Wieder lächelte er mich an, und damit schien er mich verzaubert zu haben, denn jetzt spürte ich, wie sich auf meinen eigenen Wangen ein Lächeln ausbreitete.

»Wollen wir ein Stück gehen?«, fragte er.

»Klar.«

Wir machten einen Spaziergang, und ich fand heraus, dass er surfte und Mountainbike fuhr und dass er Fußball und Cricket mochte. Er fragte mich, was für Sport ich machte. Ich verschwieg ihm meinen gestohlenen Olympiatraum. Ich sagte einfach, dass ich Theaterprojekte und außerdem Akrobatik machte. Außerdem, so berichtete ich, war ich im Debattierklub der Schule, und ich sang, tanzte und nahm Unterricht im Öffentlichen Reden. Dann griff er nach meiner Hand, und ich zuckte zurück. Ich hatte nicht damit gerechnet, dass er mich berühren würde. Das hatte noch nie zuvor ein Junge getan. Na ja, außer man rechnete ein, dass mich Brett oder Matt boxten, wenn Mum gerade nicht hinschaute.

Der Junge musste das gemerkt haben, denn jetzt fragte er: »Ist es in Ordnung, wenn ich deine Hand halte?«

Ich nickte viel zu begeistert.

Benimm dich normal. Tu einfach so, als würde ständig irgendein Typ deine Hand halten.

In meinem Bauch schwirrte ein Schwarm wilder Marienkäfer, und ich ermahnte mich, ruhig weiterzuatmen. Seine Hand fühlte sich groß an, sie war weich und warm und kein bisschen verschwitzt, aber ich machte mir Sorgen, bei mir wäre das wohl bald der Fall.

»Setzen wir uns hin«, schlug er vor, ließ meine Hand los und ließ sich auf den Rasen in Kathys Vorgarten sinken.

Kurz zögerte ich und schaute auf ihn runter.

»Hier in Wollongong kann man mehr Sterne am Himmel sehen als in Kirrawee«, meinte er, als er den Kopf zum Himmel wandte.

Ich folgte seinem Blick. Er hatte recht. Ich setzte mich neben ihn, und wir beide schauten hoch zu den Sternen.

»Ich glaube, ich hatte ein bisschen zu viel Alkohol«, meinte er. »Bin nur ich das, oder sehen diese Sterne aus wie ein Apfel?«

Darüber musste ich kichern.

Er legte mir einen Arm um die Schultern.

In meinem Bauch flatterte es weiter.

»Hast du einen Freund?«

»Nein.« Jetzt blockierten die Marienkäfer meinen Hals. »Ich bin doch so winzig.«

Warum hast du das jetzt gesagt?

Bevor ich mich deswegen fertigmachen konnte, hatte er sein Gesicht an meines gepresst. Seine Lippen lagen auf meinen.

Er küsst mich! Und jetzt?

Ich hatte die Augen weit aufgerissen, er seine aber geschlossen, deswegen machte ich meine auch zu. Irgendwie schob sich seine Zunge gegen meine. Ich öffnete meinen Mund weiter. Er schien wild entschlossen, das Innere meines Mundes zu erforschen.

Ich hielt die Augen geschlossen, weil ich nicht wollte, dass er mich mit offenen Augen erwischte. Ansonsten versuchte ich so gut wie möglich, nachzumachen, was er tat. Dann hörte er irgendwann auf. Er küsste mich auf den Kopf und hielt mich in seinen langen, athletischen Armen. Er roch nach Axe-Deo und Salzwasser. Es fühlte sich schön an, von einem Jungen im Arm gehalten zu werden. Ich schmiegte die Wange an die weiche Wolle seines frisch gewaschenen Quiksilver-Pullovers. Er fühlte sich warm an, und ich konnte seinen Herzschlag hören. Zu meiner Überraschung klopfte sein Herz ganz schnell.

Ob er genauso nervös ist wie ich?

»Du küsst total gut«, sagte er mir leise ins Haar. Ich lachte laut auf. Er umarmte mich immer weiter.

Bis Brett erschien, um mich abzuholen, küssten wir uns noch ein paar Mal. Langsam bekam ich den Kniff raus, fand es aber immer noch seltsam. Im Film sah Knutschen immer so weich und romantisch aus, aber in Wirklichkeit fühlte es sich so an, als versuchte dieser Junge, unsere Körper über unsere Münder und Zungen miteinander verschmelzen zu lassen. Es war, als versuchte er, meinen Kopf ganz und gar zu schlucken. Außerdem fühlte sich seine Zunge in meinem Mund an wie eine Nacktschnecke.

Bei meinem Aufbruch konnte ich Kathy nirgendwo entdecken. Ihr Kommentar über meine Körpergröße und dass sie darauf bestand, ich müsse Alkohol trinken, hatten mich verletzt, aber die Umarmungen und Küsse eines sehr gut aussehenden Jungen verbannten Kathys Bemerkungen als dumpfen Schmerz in den Hintergrund.

Ich stellte sicher, dass mein Kusscoach bei Bretts Auftauchen außer Sichtweite war.

»Na?«, fragte Brett, als ich zu ihm ins Auto stieg. »Wie war denn die Party? Dein Gesicht sieht irgendwie komisch aus.«

»Ganz okay«, gab ich zurück, aber in Gedanken war ich tausend Kilometer weit weg. Immer wieder musste ich an die ganzen unzusammenhängenden Details über den Jungen denken, den ich da geküsst hatte – wie er nach Meersalz und nach Axe-Deo gerochen hatte, wie weich sich seine Hände anfühlten, wie winzig meine eigene Hand in seiner gewesen war. Ich dachte an das Geräusch seines Herzschlags, der gegen seine Lippen gehämmert hatte, nur weil er mich küsste.

»Ganz okay«, machte mich Brett nach und lachte dabei. »Wir halten auf dem Rückweg bei McDonald's.«

Ich gab keine Antwort. Ich wollte lächeln, verkniff es mir aber vor Brett. Dann wurde mir plötzlich etwas klar …

Wie heißt der Junge mit den blauen Augen überhaupt? Ich habe zum ersten Mal wie eine Erwachsene geküsst und kenne noch nicht mal seinen Namen!

* * *

Drrrring! Drrrring!

»Ich gehe schon ran!«, schrie ich, so laut ich konnte, und rannte zum Telefon im Flur, bevor irgendjemand anders mir zuvorkam. Der Weg war nicht weit, denn ich hatte das Telefon quasi nicht aus den Augen gelassen.

»Hallo?« Ich strengte mich an, nicht außer Atem zu klingen, dabei war ich genau das.

»Hallo, hier ist Chris. Könnte ich bitte Kirsty sprechen?«

Chris! Er heißt Chris! Der Junge mit den blauen Augen hat einen Namen, und er heißt Chris!

»Klar, ich meine, hi. Kirsty am Apparat.« Ich versuchte, so ruhig wie möglich zu klingen, aber es fühlte sich so an, als wäre mein Magen dreimal so groß wie sonst und wollte mir aus dem Mund springen.

»Hey, ich hoffe, es ist in Ordnung, dass ich mich melde. Ich habe mir deine Nummer von Kathy geben lassen, weil ich gestern Abend vergessen habe, dich danach zu fragen.«

»Kein Problem.«

»Ich dachte, ich rufe mal an und frage, ob du heute Nachmittag mit mir ins Kino gehen willst.«

»Klar. Klingt gut.«

Habe ich gerade zu aufgeregt geklungen? Weiß er, dass mich noch nie ein Junge eingeladen hat? Weiß er, dass das gestern mein erster richtiger Erwachsenenkuss war?

»Wir können uns in Gymea treffen und dann nach Miranda fahren. Wollen wir uns *Men in Black* anschauen?«

»Klar, wir können uns in Gymea treffen«, stimmte ich zu und versuchte, gelangweilt zu klingen. »Um wie viel Uhr?«

»Ist zwei okay für dich?«

Warum klingt er bloß so entspannt? Der ist doch bestimmt ein Aufreißer. Ich bin sicher nur eines von vielen Mädchen, mit denen er was anfängt.

»Zwei Uhr ist gut«, sagte ich.

»Cool. Dann sehen wir uns bald.«

Habe ich da gerade ein Lächeln in seiner Stimme gehört?

»Prima …« *Jetzt leg aber auf. Schluss mit dem Gespräch, bevor er noch merkt, wie nervös du bist.* »Tschüss.«

»Bis nachher«, sagte er, und ich legte schnell auf.

17. Kapitel: Stigma Krebs

»Mum? Ich habe auf Kathys Party einen Jungen kennengelernt, und er hat mich ins Kino eingeladen. Ist das okay?«

»Oh!«, sagte Mum. Sie wirkte schockiert. »Ich weiß nicht, Schatz … Wie gut kennst du ihn denn? Du bist ihm doch gerade erst begegnet.«

Mit Mums Widerwillen und Vorsicht hatte ich gerechnet. Für sie war dieser Junge ein Fremder, und eigentlich auch für mich, aber ich wollte, dass Mum mir das Treffen erlaubte, ohne mich vorher zu verhören.

»Also, er geht mit Kathy zur Schule.« Das würde mir nicht helfen. Mum war von Kathy noch nie besonders begeistert gewesen. Schnell sprach ich weiter. »Er geht in dieselbe Jahrgangsstufe wie ich. Er surft gern, wie Dad, und er macht ganz viel Sport. Und wenn wir ins Kino gehen, ist es noch hell …«

»Gut, in Ordnung. Aber um sechs bist du wieder zu Hause. Ist der Junge dein Freund?«

»Ich weiß nicht, Mum. Er hat mich noch nicht gefragt, ob ich seine Freundin sein will oder so. Er hat nur gefragt, ob ich mit ihm ins Kino gehe.«

»Ah, okay. Ich weiß nicht, wie Leute in deinem Alter das handhaben. Vielleicht denkt er ja, dass du jetzt seine Freundin bist?«

Bin ich seine Freundin? Woher weiß ich das denn? Fragen kann ich ihn auf keinen Fall.

»Pass einfach gut auf, dass du immer weißt, was Sache ist«, riet mir Mum.

Ich nickte übereifrig. Bevor sie noch irgendetwas sagen konnte, schlich ich mich in mein Zimmer und zählte die Minuten bis zu meinem ersten richtigen Date mit einem Jungen.

* * *

Ich war zu früh am Bahnhof von Gymea, aber das passiert mir bei Verabredungen immer. Also setzte ich mich auf eine Bank und wartete.

Was, wenn er gar nicht kommt?

Es fühlte sich an, als wäre mein Kopf nicht mehr mit meinem Hals verwachsen und würde gerade in die Luft entschweben.

Durchatmen. Reiß dich zusammen. Du bist mit dem Krebs fertig geworden. Da schaffst du ja wohl ein Date im Kino.

»Hey.« Da kam er.

»Hi!«, begrüßte ich ihn. *Cool bleiben*, befahl ich mir.

Wir liefen den Kingsway entlang auf das Westfield-Miranda-Einkaufszentrum zu. Und wir schwiegen beide.

Sag was! Bitte sag was.

»Also«, fing er an. Dieses eine Wort reichte, dass mich eine große Freude bis in die Zehen durchströmte. »Ich habe was über dich gehört.«

»Ach ja?« Ich versuchte, cool zu bleiben. »Von wem denn?«

»Also, als ich Kathy angerufen habe, um mir deine Nummer geben zu lassen, hat sie mir gesagt, du hattest Krebs, als du in der Grundschule warst. Ist das wahr?«

Mein Magen rutschte mir bis in die Kniekehlen. Mein Herz fühlte sich an wie ein Betonblock. Eine Träne rann mir aus dem Auge, aber das sah Chris nicht. Mein Gesicht brannte vor Wut. *Kathy, warum hast du das Chris erzählt? Das hier ist mein allererstes Date, und ich fühle mich wieder wie der Freak auf dem Schulhof.*

»Ja, es stimmt«, sagte ich. »Hast du ein Problem damit?« Verärgerung war in meine Worte gekrochen, aber ich versuchte, sie zu unterdrücken, weil ich nicht auf ihn sauer sein wollte. Ich bereitete mich innerlich darauf vor, mich auf dem Absatz umzudrehen und allein nach Hause zu gehen.

»Nein!«, antwortete Chris. »Es ist kein Problem. Kathy hat nur gesagt, darum bist du so klein … Weil du Krebs hattest und deswegen nicht normal weitergewachsen bist.«

»Hast du ein Problem damit, dass ich so klein bin?« Meine Worte klangen giftig, aber bis zum heutigen Tag weiß ich nicht, ob Chris den Schmerz darin wahrnehmen konnte.

»Nein«, sagte er. »Ich war einfach nicht sicher, ob mir Kathy auch die Wahrheit sagt. Ich finde, du bist total sexy.«

Er griff nach meiner Hand. Es war so zauberhaft wie gestern.

»Sorry, jetzt klinge ich wie ein Arschloch«, fuhr er fort. »Ich finde nur, du siehst total gesund aus, deswegen wusste ich nicht, ob ich Kathy glauben sollte.«

Mein Herz aus Beton zerfloss, als seine Hand behutsam nach meiner griff.

»Tut mir wirklich leid«, sagte er.

Plötzlich realisierte ich, dass wir stehen geblieben waren und einander anschauten. Ein Teil von mir wollte seine Hand loslassen, weggehen, ohne sich noch einmal umzudrehen, ein anderer Teil wollte tief Luft holen und mit Chris ins Kino, mit dem heißen Typen mit den glänzenden Augen, der zu mir gesagt hatte, ich sei sexy. Das hätte auch Melissa gewollt.

»Ist schon okay«, sagte ich. »Jetzt aber lieber los, sonst schaffen wir es nicht mehr zum Film.«

Wir marschierten weiter, hielten uns dabei an den Händen, und Chris erzählte mir, wie er an diesem Morgen surfen gewesen war und dass er mich bald mit an den Strand nehmen wollte. Wir schauten uns *Men in Black* an – zumindest lief dieser Film auf der Leinwand, aber wir waren zu sehr mit Küssen beschäftigt, als dass wir irgendetwas von der Story mitbekommen hätten.

Kathy hatte mir das Stigma vom »kleinen Krebsmädchen« aufgedrückt, aber für Chris war ich das »niedliche, sexy Mädchen«. War Kathys Beurteilung überhaupt wichtig?

18. Kapitel: Splash-a-thon

Tief sog ich die frische Morgenluft ein. Riesige Gummibäume umschlossen den Parkplatz mit ihren mächtigen Stämmen, ihren uralten Armen, die sie schützend über mir und meiner Familie ausbreiteten. Während sich unsere Füße über den knirschenden Kies des Parkplatzes bewegten, konnte ich hören, wie mir die Sohlen meiner Flipflops gegen die Fersen schlugen. Wir liefen unter dem metallblauen Banner entlang, das über den automatischen Türen des Sportzentrums von Sutherland aufgespannt war. Dann ging es ein paar Stufen hinunter, eine weitere Tür schwang ihre Flügel auf und bat uns herein. Der intensive Geruch nach Chlor und Bleichmittel war so überwältigend, dass ich mich einige Sekunden lang schwindlig fühlte. Wir erreichten die Theke im Foyer des Sportzentrums, und ich warf meinen Rucksack auf den Boden. Überall gab es verschiedene Blautöne: Man hatte die Wände blau gestrichen, der Teppich war aquamarin, die Geländer und alles andere leuchtete himmelblau, und das Drehkreuz am Eingang war marineblau. Eine gute Vorbereitung auf das blaugrüne Sportbecken mit seinen fünfzig Meter langen Bahnen.

»Kann ich Ihnen helfen?«, erkundigte sich die Frau im blauen Poloshirt an der Theke.

»Wir kommen zum Splash-a-thon für das *Children's Cancer Institute of Australia*«, erklärte ich.

»Ach, wunderbar«, gab die Frau zurück. »Gehen Sie einfach weiter geradeaus zum Außenbecken.«

Ich wuchtete mir den Rucksack wieder auf die Schultern. Noch ein paar Schritte, dann standen wir draußen auf dem knallgrünen, weichen Gras. Hier war der Rasen niemals trocken, und es gab auch nie Bienen oder stachlige Pflanzen. Rund um den Pool standen Palmen verteilt. In diesem Becken würden meine Familie und ich die kommenden neun Stunden unsere Bahnen ziehen und damit Geldspenden für die Krebsforschung sammeln.

Wayne hatte diese Veranstaltung organisiert, deswegen wusste ich bereits, dass es ein guter Tag werden würde. Dieses jährliche Event lief nun zum dritten Mal in Folge, und jedes Jahr nahmen mehr Leute teil. Der Splash-a-thon funktionierte so, dass man ein Team von mindestens zehn Leuten zusammenstellte und dann abwechselnd stundenlang im Pool seine Bahnen zog. Obwohl es kein Wettbewerb war, erschienen jedes Mal viele Athleten und versuchten, die meisten Bahnen zu schaffen. Sie trainierten für anstehende Triathlons oder wollten einfach nur ihre persönliche Bestzeit übertreffen. Wie bei den meisten Events, die ich mit Wayne zusammen bestritt, ging es hier jedoch eigentlich darum, aktiv zu sein, Geld zu sammeln und Spaß zu haben. Ich träumte davon, eines Tages zu dem Team zu gehören, das am meisten Geld einnahm.

Wir gingen den Grashügel hinunter auf den orangebraunen Asphaltweg. Alle paar Meter stand dort in leuchtend gelber Farbe »NICHT RENNEN«. Wir folgten dem Pfad bis zu den riesigen Betonstufen am flachen Ende des Pools mit seinem einladend glänzenden Wasser und den Bahnbegrenzungen in weiß, rot und blau. Ich legte meine Sachen ab; hier würden wir alle den ganzen Tag über bleiben.

»Hallo, Kirsty«, begrüßte mich eine vertraute, freudige Stimme.

»Hey, Wayne«, gab ich zurück.

»Kriege ich keine Umarmung?«

Sofort schlang ich ihm die Arme um die Taille. Wayne seinerseits legte mir seine gebräunten Arme um Kopf und Schultern, drückte mich fest an seine Brust und stützte dann das Kinn auf meinem Kopf ab. Er machte das so ähnlich wie mein Dad – es waren richtige Umarmungen, die auch genau so gemeint waren.

»Wie geht's dir?«, wollte er wissen, als er mich aus seinem Griff entließ.

»Gut. Und dir?«

»Ganz großartig. Heute wird ein fantastischer Tag.

Ich habe mir die ganze Woche Sorgen wegen der Wolken gemacht, aber heute Morgen, zack, ich wünschte, du hättest das gesehen. Es war, als würden sich die Wolken genau über dem Pool teilen. – Hi, Jill.« Wayne begrüßte Mum und küsste sie auf die Wange. »Schön, dass du da bist, Peter«, sagte er, während er und Dad sich die Hand gaben.

Brett war schlecht gelaunt, weil er einen freien Tag für dieses Event opfern musste, deswegen ignorierte er Wayne und konzentrierte sich voll und ganz auf seinen Gameboy, aber Matt machte die beiden Erwachsenen nach, schnappte sich Waynes Hand und schüttelte sie kräftig. Wayne, Mum, Dad und ich lachten. Danielle war gerade in Amerika, wo sie in einem Camp für Erwachsene mit Behinderungen arbeitete. Zu Weihnachten würde sie wieder zu Hause sein.

»Heute kommen viele Freunde von mir, und wir haben schon etwa zweitausend Dollar eingenommen«, erzählte ich Wayne voller Stolz.

»Super. Hör zu, ich muss jetzt noch ein paar Dinge organisieren, aber wir verbringen ja heute den ganzen Tag hier, wir sehen uns also bestimmt noch, in Ordnung?«

»Ja, natürlich, geh du nur an die Arbeit«, sagte ich.

»Ich bin so froh, dass ihr alle mitmachen könnt.« Er zog mich wieder an sich und drückte mir einen dicken, feuchten Kuss auf die Stirn. »Schaut euch das nur an«, meinte er und zeigte hinauf in den Himmel. »Strahlender Sonnenschein. Etwas Besseres hätten wir uns gar nicht wünschen können.«

Ich setzte mich auf die übergroßen Betonstufen, um auf den Rest meines Teams zu warten: Geoff, Jane, Ben, Debbie, Ashley und Jake. Jake war neu in unserer Clique an der Schule. Er hatte langes blondes Haar und trug eine Zahnspange. Als ihm Debbie von dem Event erzählt hatte, wollte er unbedingt unserem Schwimmteam beitreten. Ich setzte meine Sonnenbrille auf, warf das Haar zur Seite, schloss die Augen und genoss die brennende Sonne, die mir neue Sommersprossen verpasste.

Ach, es fühlt sich so gut an, Haare zu haben und von Familie und Freunden umgeben in der Sonne zu sitzen. Bald haben wir Sommerferien, und ich kann die Abschlussfeier nächstes Wochenende kaum erwarten.

In den folgenden Minuten erschienen alle meine Freunde. Der Pool war sehr voll, denn an der Veranstaltung sollten etwa hundert Leute teilnehmen.

»Alle mal herhören.« Laut hallte Waynes Stimme über die Lautsprecher. »Ich bitte um eure Aufmerksamkeit ... Vielen Dank, dass ihr alle gekommen seid. Manche von euch waren schon dabei, als wir noch Geld für die *Children's Leukaemia and Cancer*-Stiftung gesammelt haben. Die Stiftung hat jetzt einen neuen Namen, nämlich *Children's Cancer Institute of Australia*. Die Ziele sind aber dieselben geblieben: Kinder mit Krebs sollen so wenig leiden wie möglich, und wir helfen, dass eines Tages ein Heilmittel gefunden wird, damit kein Kind auf der Welt mehr diese schreckliche Krankheit durchstehen muss. – Und in Bahn Nummer drei gibt es ein ganz besonderes junges Mädchen mit einem ganz besonderen Team.«

Ich erstarrte. Ich wusste, was jetzt kam, und wie jedes Mal wand ich mich innerlich.

»Dieses besondere Mädchen heißt Kirsty. Noch nicht alle von euch kennen sie. Kirsty, kannst du mal für uns alle winken?«

Mit einem verzerrten Lächeln im Gesicht erfüllte ich Waynes Bitte. Alle Anwesenden schauten mich direkt an. Meine Freunde grinsten.

»Ich denke, es ist wichtig, dass wir alle daran denken, warum wir heute hier sind: um echten Menschen zu helfen, Menschen wie Kirsty, indem wir Geld für das *Children's Cancer Institute of Australia* sammeln. Kirsty, kannst du kurz zu mir kommen und ein paar Worte sagen?«

Hier war ich also wieder, in der Rolle der Überlebenden, bei dem Versuch, dem ganzen Schmerz eine Bedeutung zu geben. Ich ging zu Wayne und dem Mikrofon. Ich holte tief Luft, während mir die Nervosität in den Armen und Beinen kribbelte.

Kirsty … Hier geht es nicht um dich. Hier geht es um einen guten Zweck. Sei nicht albern.

Ich umklammerte mein Silbermedaillon, und die Worte purzelten aus mir heraus.

»Ich möchte die Gelegenheit nutzen, allen zu danken, die heute bei der Veranstaltung mitmachen. Bei mir wurde Krebs diagnostiziert, als ich neun war, und ich habe zweieinhalb Jahre lang Chemotherapie bekommen. Ohne die Arbeit und Forschung des *Children's Cancer Institute of Australia* wäre ich vielleicht nicht mehr am Leben. Ich bin heute sechzehn Jahre alt und seit über vier Jahren in Remission …«

Plötzlich erklang lauter Applaus. Ich nehme an, die Leute fanden, für über vier Jahre Remission hätte man Applaus verdient. Meine Freunde stimmten mit ein; sie jauchzten und pfiffen und machten so viel Lärm, wie sie nur konnten.

Du liebe Güte, ich habe doch nur Krebs gehabt. Das ist so seltsam. Ich bin doch nur ich. Ich bin nicht sicher, ob man deswegen klatschen sollte. Schließlich habe ich mir den Krebs nicht ausgesucht. Der Krebs hat mich *ausgesucht.*

Mir war das Ganze unglaublich peinlich, doch ich lächelte weiter. Langsam verstummten Beifall und Rufe. Ich fuhr mit meiner Rede fort.

»Ich habe wirklich großes Glück gehabt, weil ich noch lebe, aber meine Freundin Melissa und viele andere Kinder sterben an Krebs, und …« Ich stockte. »… Es ist ganz wichtig, dass wir weiter Geld für das *Children's Cancer Institute of Australia* sammeln, damit kein Kind mehr an Krebs sterben muss.«

Wieder brandete Beifall auf.

»Vielen Dank, dass du das mit uns geteilt hast, Kirsty«, wandte sich Wayne an mich. »Ist sie nicht etwas ganz Besonderes?«

Ach, weißt du, Wayne …

Damit hatte ich meine Pflicht als Vorzeigeüberlebende getan, sodass ich mich uneingeschränkt auf den Rest des Tages freuen konnte.

***

»Jetzt guckt doch mal!«, rief Jane. Man hatte ihr eine knallgrüne Badekappe gegeben, und sie schaute ziemlich angewidert drein.

»Tut mir leid, Leute, so lauten die Regeln hier«, erklärte ich. »Wenn ihr im Wasser seid, müsst ihr die Bademütze unseres Teams tragen.«

»Es sieht so aus, als hätten wir Kondome auf dem Kopf«, grummelte Jane.

Ich zog mir mein weißes Lieblings-T-Shirt über den Kopf und spürte, wie mich eine Welle der Unsicherheit überrollte. Wie die meisten sechzehnjährigen Mädchen liebte ich meinen Körper nicht gerade. Während ich Doppelknoten in mein aquamarinblaues Bikinioberteil machte, zog ich meinen weißen Bauch ein.

Dann ließ ich mich in den Pool gleiten. Die Kühle des Wassers verlieh mir einen neuen Energieschub. Fast eine Stunde schwamm ich die fünfzig Meter langen Bahnen des Pools hoch und runter, und dann war Jane an der Reihe.

»Aus dem Weg!«, rief Jane ein paar jüngeren Kindern zu, während sie in den Pool stieg. Die flitzten schneller davon als Ratten von einem sinkenden Schiff.

»Hey, Jane«, rief ich, »die Kinder da teilen sich heute die Bahn mit uns. Sie sind von der Laguna Street Public

School in Caringbah, und sie nehmen normalerweise mehr ein als jedes andere Team. Die ganze Schule hilft mit.«

»Nun, sie müssen trotzdem lernen, Älteren den Vortritt zu lassen und mir Platz zu machen, wenn ich das sage!«

Wir alle lachten, als Jane ihre Schwimmbrille vors Gesicht zog. Mit ihrer grünen Badekappe wirkte sie wie ein wütender, glupschäugiger Frosch.

»Bekommen sie denn irgendwas dafür, dass sie das meiste Geld einnehmen?«, wollte Jake wissen.

»Nein«, gab ich zurück. »Aber ich denke, die Genugtuung, die ganzen Erwachsenen geschlagen zu haben, ist auch was wert.«

»Na ja, wenn man eine ganze Schule hinter sich hat, ist es vielleicht auch einfacher, so viel einzunehmen«, überlegte Debbie laut. »Und wenn kleine Kinder um Geld für wohltätige Zwecke bitten, sagen die Leute normalerweise nicht Nein. Diese Kinder haben einen Vorteil, und das ist unfair.«

»Wir sollten uns darum kümmern, dass unsere Schule nächstes Jahr auch mithilft«, schlug Ben vor.

»Stimmt«, sagte ich beeindruckt. »Das sollten wir tun.«

* * *

Die Laguna Street Public School nahm beim Splash-athon im November 1997 am meisten ein. Doch meine

Freunde wollten unbedingt das Team sein, dem diese Ehre 1998 zuteilwurde.

»Wie sieht's aus, Kirsty, tun wir uns nächstes Jahr wieder zusammen?«, fragte Ben.

»Klar. Vorausgesetzt, ihr wollt wieder alle mitmachen, Leute?«

»Aber sicher doch!«, rief Jane. »Dann können wir diesen Kids von der Laguna Street mal zeigen, wie sich Verlieren anfühlt.«

19. Kapitel: Ein ganz besonderer Abend

Meine Frisur war ein Kunstwerk aus perfekten Locken, zusammengehalten von Nadeln und Haarspray. An den Füßen trug ich mein allererstes Paar High Heels aus schwarzem Satin und mit breiten Absätzen. Natürlich war Melissa mein einziger Schmuck, wohlbehütet in ihrem silbernen, herzförmigen Zuhause. Eine Freundin von Mum hatte mich sorgfältig vermessen und mir extra für diesen Anlass ein rotes Ballkleid genäht. Der Abend meines Zehnte-Klasse-Abschlussballs war gekommen.

Wir quetschten uns in die Limousine, die wir alle zusammen gemietet hatten: Jake und seine Freundin Sarah saßen neben mir, und Ben, Jane und Geoff vor mir. Während er Sarah auf der gesamten Fahrt von Kirrawee nach Cronulla das Gesicht ableckte, drückte Jake seinen Rücken gegen mich. Das einzige Geräusch auf dem Rücksitz der Limousine waren ihre feuchten Küsse. Unbehaglich schaute ich vor mich hin, blickte nur ganz kurz auf, um zu sehen, ob Ben und Geoff sich auch so wanden wie ich. Sobald ich Bens Blick begegnete, schnitt Ben eine alberne Grimasse und zog die Augenbrauen hoch. Geoff streckte die Zunge heraus und tat so, als küsse er ein unsichtbares Mädchen neben sich. Ich unterdrückte ein Kichern, spielte an meinem Medaillon herum und schaute wieder in meinen Schoß.

***

Wir kamen am Veranstaltungsort in Cronulla an. Dort gab es lange, mit weißen Decken und gelben Rosen gedeckte Tische. Sie gruppierten sich um eine diamantförmige Tanzfläche.

»Mach mal ein Foto von mir und Ashley«, bat mich Debbie. Nachdem Jane und ich sie ein bisschen angeschubst hatten, hatte Debbie Ashley aufgefordert, mit ihr zum Ball zu gehen, und er hatte Ja gesagt. Benjamin war Janes Date. Sie hatte ihn wie angekündigt gefragt, also musste Debbie nachziehen und fragte Ashley. Weil es nicht genug Platz in der Limousine gab, hatte ich mich dafür entschieden, Chris nicht mitzubringen.

Als das Blitzlicht meiner Kamera den Saal erhellte, spürte ich plötzlich einen Schmerz. Es war, als hätte ein altes Weib mit ihren Fingernägeln an meiner Wirbelsäule gekratzt. Der Schmerz war so stark, dass ich auf einem Stuhl zusammensackte. Weil ich niemanden beunruhigen wollte, blieb ich einfach sitzen und trank ein bisschen Wasser. Der Song *My Sharona* dröhnte durch die Lautsprecher.

»Kirsty! Dein Lied!«, schrie Debbie.

»Willst du tanzen?«, fragte Jane.

Scheiße … Ich weiß nicht, ob ich jetzt aufstehen kann.

Debbie packte mich am Arm und zog mich hoch. Der Schmerz in meinem unteren Rücken wurde schlimmer, aber irgendwie schaffte ich es mit meinen Freunden bis zur Tanzfläche.

Oh, bitte mach, dass das aufhört … Das wird doch nicht …

Zu meinem Entsetzen ergriff Jake meine beiden Hände und fing an, mit mir zu tanzen, obwohl Sarah direkt neben uns stand. Nach ein paar Sekunden entzog ich mich seinem Griff. »Es ist doch viel zu heiß!«, schrie ich über die Musik hinweg. Ich bahnte mir den Weg durch die tanzenden Körper zurück zu unserem Tisch.

* * *

Debbie und ich hatten unseren Eltern erzählt, wir würden nach dem Ball bei Jane übernachten. Das war auch nicht völlig gelogen. Wir würden bei Jane übernachten … Irgendwann würden wir jedenfalls dort schlafen. Wir würden nur einen Umweg über Ashleys Haus machen, wo die Party nach der Party stattfand. Dort versammelten wir uns im hinteren Garten. Ashley hatte in einem großen Kreis Campingstühle aufgestellt. Es gab nichts zu essen, nur einen alten Holztisch mit Alkohol und einer blauen Kühlbox mit alkoholfreien Getränken. So sahen Ashleys Partys immer aus. Weil man im hinteren Garten viel Platz hatte und es eine Rasenfläche gab, konnte er alle gut unterbringen.

»Willst du einen Bombora mit Limo?«, bot mir Jane an.

»Eigentlich trinke ich nicht gern Alkohol«, sagte ich und musste daran denken, wie mich Kathy zum Trinken gezwungen hatte. Seit ihrer Party hatte ich nicht mehr richtig mit Kathy gesprochen. Was sie Chris über mich erzählt hatte, tat immer noch weh. Ich traf sie beim Gesangsunterricht, blieb danach jedoch nicht länger, um mit ihr zu reden.

»Hier, probier das mal. Wenn es dir schmeckt, gieße ich dir was ein. Wenn nicht, hole ich dir einfach Limonade.«

Ich nahm ihr den kleinen weißen Plastikbecher ab. Der Inhalt roch nach Zitronen und Kokosnuss. »Wow«, sagte ich, dann trank ich einen kleinen Schluck. Das Ganze schmeckte nicht einmal wie Alkohol. »Ach, Jane! Das ist lecker. Ich habe noch nie Alkohol getrunken, der mir irgendwie geschmeckt hat.«

»Dann gieße ich dir jetzt was ein«, verkündete Jane.

»Aber nicht mit viel Bombora.«

Jane goss ein winziges bisschen des nach Kokos duftenden Getränks in einen Plastikbecher. »Davon würde nicht mal Däumelinchen betrunken werden«, kommentierte sie. Wir mussten beide lachen. »Prost, Groß-ohr!« Wir stießen an und tranken.

Geoff und Ben setzten sich zu uns.

»Wer von euch will Walzer lernen?«, fragte Ben.

»Bring ihn Kirsty bei«, meinte Jane und schob mich in seine Richtung.

»Stell dich mal auf meine Füße«, wies mich Ben an.

»Das hat mein Dad immer mit mir gemacht, als ich ein kleines Mädchen war«, erzählte ich.

»Ich bin aber nicht dein Daddy«, gab Ben zurück. Wir hielten uns aneinander fest, während ich meine Füße auf seine stellte, und dann fing er an zu tanzen.

Jake kam auf uns zu. »Was macht ihr beiden da?«

»Ben bringt mir Walzer bei. Wo ist denn Sarah?«, erkundigte ich mich.

»Nach Hause. Ich habe gerade mit ihr Schluss gemacht«, erklärte Jake.

»Ernsthaft? Ihr habt doch in der Limousine die ganze Zeit so wild geknutscht«, kommentierte Jane.

»Ja, ich weiß. Aber es hat sich einfach nicht richtig angefühlt, und ich glaube, eigentlich mag ich jemand anderen.«

»Wen denn?«, wollte Jane wissen.

»Das sage ich euch, wenn ich sicher bin«, wiegelte Jake ab, und dabei starrte er mich mit einem Blick an, den ich nicht deuten konnte.

Ben und ich tanzten weiter. Plötzlich kam Debbie angerannt, packte mich am Arm und zog mich von den anderen weg.

»Ashley hat mich geküsst!«, quietschte sie.

Wir umklammerten gegenseitig unsere Oberarme und begannen, auf der Stelle herumzuspringen. Dieses Ritual vollzogen wir immer, wenn etwas Aufregendes passiert war.

»Erzähl mir alles«, drängte ich sie.

»Na ja, ich bin zu ihm hingegangen, um ihn zu begrüßen, also wusste er, dass ich da war, und dann hat er mich gepackt und gesagt, du siehst heute Abend wirklich sehr schön aus, und dann hat er mich geküsst, direkt auf die Lippen!«

»Oh mein Gott! Hat er dir die Zunge in den Mund gesteckt?«, fragte ich.

»Nein, er hat mich nur auf die Lippen geküsst. Nicht mit Zunge, aber irgendwie hat er auch nicht sofort wieder aufgehört. Yayyyyy!« Debbie quietschte förmlich vor Freude. »Das ist ein Zeichen! Jetzt fragt er mich bestimmt, ob ich mit ihm gehen will.« Debbie sprang wieder auf und ab, und natürlich machte ich mit. »Das hier ist der beste Abend meines ganzen Lebens.«

Ich wünsche mir, ich hätte dasselbe sagen können. Doch meine Aufmerksamkeit wurde durch den immer stärker werdenden dumpfen Schmerz in meinem unteren Rücken abgelenkt. Dieser Schmerz meldete sich langsam wieder.

Am Anfang war es nur ein schwaches Pulsieren, doch das wurde rasch stärker, so dass ich mich anstrengen musste, um aufstehen zu können. Ich suchte mir einen Grasflecken in Ashleys Garten. Ich musste einfach ein paar Minuten allein sein und durchatmen. Im Schneidersitz ließ ich mich auf dem Hintern nieder. Das Gras reichte mir jetzt bis an die Knie; jemand würde es am Wochenende mal ordentlich mähen müssen.

Hilfe … Da ist irgendetwas überhaupt nicht in Ordnung.

»Alles okay bei dir, Kirsty?«, erkundigte sich Geoff und stand einen Moment über mir gebeugt, bevor er sich neben mir im Gras niederließ. Als Nächstes kam Jake, dann Debbie, und schließlich erschienen Ben und Jane. Ich schluckte meinen Ärger herunter, dass sie mir gefolgt waren.

Ich kann ihnen ja wohl schlecht sagen, was los ist, oder?

»Ich weiß nicht«, erklärte ich. »Mir geht's nicht so gut. Ich habe richtig krasse Rückenschmerzen.«

»Vielleicht ja, weil du den ganzen Abend Absatzschuhe getragen hast«, meinte Debbie optimistisch.

»Nein … Ich glaube, es ist was Schlimmeres. Ich glaube …«

Er kommt wieder. Der Krebsschmerz.

»Machst du dir manchmal Sorgen, dass du wieder Krebs bekommst?«, fragte Jake.

»Normalerweise nicht, aber – ich weiß nicht … Diese Rückenschmerzen … Die sind so heftig. So etwas habe ich seit meiner Chemotherapie nicht mehr gehabt. Wenn man den Krebs überlebt, bekommt man manchmal Phantomschmerzen. Der Körper erinnert sich an die schlimmen Schmerzen, die er einmal empfunden hat. Ich hoffe, das ist die Ursache.«

»Musst du manchmal zur Kontrolle ins Krankenhaus?«, wollte Ben wissen.

»Ja. Mein nächster Termin ist am Montag. Ich brauche nur einmal im Jahr hinzugehen. Dann wird ein Bluttest gemacht und überprüft, dass auch alles in Ordnung ist.«

»Ich bin sicher, dir fehlt nichts«, sagte Jane. »Mach erst mal den Test; du wirst sehen, es ist bestimmt alles im grünen Bereich, da bin ich sicher.«

»Ja … Das hoffe ich auch.«

»Wir sollten uns jetzt langsam auf den Weg machen«, meinte Jane dann. »Ich denke, Ashleys Mum freut sich, wenn sie ein bisschen Schlaf bekommt.«

»Ich will noch nicht gehen«, sagte Debbie. »Wir hatten so einen tollen Abend, er soll noch nicht vorbei sein.«

»Warum schleicht ihr euch nicht um vier Uhr wieder her, und wir treffen uns draußen auf der Straße, damit Ashleys Mutter nicht aufwacht?«, schlug Ben vor. Er, Jake und Geoff sollten bei Ashley übernachten.

»Wirklich?« Ganz offensichtlich gefiel Debbie Bens Plan. »Und du sorgst auch sicher dafür, dass Ashley mit rauskommt?«

»Klar doch.« Damit war der Pakt geschlossen.

20. Kapitel: Ein Nebel aus Schmerz

Die Wartezimmer von Ärzten sind alle gleich. Natürlich gibt es kleine Unterschiede – vielleicht ein trauriges Aquarium in der Ecke oder ein billiges Poster an der Wand. Aber im Wesentlichen sind alle gleich. Alle, in denen ich gesessen habe, haben unbequeme Stühle, die einen zum unnatürlich aufrechten Sitzen zwingen. Immer liegen alte Ausgaben von Zeitschriften herum, und für Kinder gibt es eine Alibi-Ecke mit abgegriffenem Spielzeug, das vor dreißig Jahren jemand gespendet hat. Der Teppich ist immer hässlich und die Einrichtung deprimierend, obwohl sich jemand redlich bemüht hat, dass Teppich und Stühle zusammenpassen. Fremde sitzen beieinander, lauschen der leisen Musik aus dem Radio und starren lustlos auf das Aquarium oder auf die Bilder an der Wand – die sie doch nicht von der Realität ablenken können, der sie ausgeliefert sind.

Wartezimmer sind schlimmer als Behandlungs- oder Sprechzimmer, weil man dort nichts anderes tun kann als, nun ja, warten. Man befindet sich im Limbus. Man fühlt sich machtlos. Ich frage mich, wie viele Stunden meines Lebens ich in Wartezimmern verbracht habe. Definitiv mehr als bei den Ärzten selbst. Der Überlebenstrick im Wartezimmer lautet, dass man sich nicht zum Warten zwingen lässt. Man muss eine Ablenkung finden. Ich beispielsweise lese dann ein Buch. Das funktioniert. Ich vergesse, wo ich bin und warum ich hier sitze, und meine Welt bevölkert sich mit Figuren und Orten, die nichts mit der Welt der Ärzte zu tun haben. Bücher sind etwas Magisches.

Doch heute hatte ich große Probleme, mich auf mein Buch zu konzentrieren. Ich saß hier, weil man mir meine Testergebnisse vom Blutbild für meinen jährlichen Check-up mitteilen wollte. Meine Schmerzen waren nicht mehr aufgetreten, und ich hoffte, das würde auch so bleiben.

Wir schienen eine Ewigkeit gesessen zu haben. Und dann, endlich: »Kirsty?«

»Komm, Liebes«, sagte Mum und legte die Zeitschrift weg, in der sie gelesen hatte.

Ich verließ das Wartezimmer, aber ich wusste, ich würde immer wieder hierher zurückkehren, mein Leben lang, um mein Blut überprüfen zu lassen. Ich setzte mich mit Mum und einem neuen Assistenzarzt zusammen, den ich nie wiedersehen würde.

Also los jetzt. Oh Gott …

»Deine Blutwerte sehen normal aus«, verkündete der Assistenzarzt.

»Was?«, brach es aus mir heraus.

»Ja, alles im normalen Bereich. Rote Blutkörperchen, Blutplättchen, alles wunderbar …«

»Und was ist mit meinen weißen Blutkörperchen?« Das Adrenalin ließ meine Fingerspitzen taub werden.

»Ganz normal.«

Ganz normal? Wie kann das denn sein?

»Hast du denn damit gerechnet, dass wir ein Problem entdecken?«, wollte der Assistenzarzt wissen.

»Vielleicht … Ich bekomme in letzter Zeit ganz schlimme Kopfschmerzen, und Rückenschmerzen, die so stark werden, dass sie mich quasi umwerfen.«

»Außerdem ist sie sehr blass und hat keinen Appetit«, fügte Mum hinzu.

Sehe ich in letzter Zeit blass aus? Und habe ich weniger gegessen?

»Nun, deine Blutwerte sind völlig normal«, wiederholte der Arzt. »Das mit den Kopfschmerzen könnte an den Hormonen liegen, und die Rückenschmerzen … Was die betrifft, bin ich nicht sicher. Deine Nerven könnten geschädigt sein – ich lese gerade in deiner Krankenakte, dass du viele Lumbalpunktionen bekommen hast. Ich verschreibe dir jetzt Panadeine Forte, dann sollte es besser werden mit den Schmerzen. Wenn dem nicht so ist, musst du uns das unbedingt wissen lassen. Aber bei deinen Blutergebnissen hier gibt es nichts, was mir Sorgen bereiten würde.«

Warum habe ich dann immer noch dieses ungute Gefühl? Ich bin einfach albern. Die Ergebnisse liegen vor, und sie sind normal.

»Also gut«, verkündete Mum. Wir standen auf und gingen.

Alles in Ordnung, beruhigte ich mich selbst. *Bei dir ist alles in Ordnung. Blut kann nicht lügen. Oder etwa doch?*

***

Sobald wir aus dem Krankenhaus zurück waren, aß ich vor Mums Augen einen Apfel und fragte sie, ob Chris zum Schwimmen rüberkommen dürfe.

»Natürlich, Liebes. Ist alles in Ordnung?«

»Ja«, log ich. Ich schluckte zwei Panadeine-Forte-Tabletten mit einem Glas Wasser und ging meinen Bikini anziehen.

Dad hatte unseren freistehenden Gartenpool kurz vor meiner Geburt gebaut. Er hielt ihn peinlich sauber. Das Wasser war so klar, dass man jedes Detail auf dem Grund des Beckens sehen konnte. Der Pool stank nie nach Chlor, und jeden Abend überprüfte Dad das Wasser mit einem Testset, das wie ein winziger Chemiebaukasten aussah.

Langsam ließ ich mich vom Beckenrand gleiten. Das Wasser rauschte um mich herum und nahm mich in sich auf, als wäre ich ein Teil von ihm. Ich bewegte die Arme nur so viel, dass ich kurz über dem Boden schwebte. Ich spürte jeden einzelnen Quadratzentimeter meiner Haut gleichzeitig.

Ich glaube, das Panadeine-Forte wirkt jetzt langsam. Ob es sich wohl so anfühlt, wenn man Ecstasy genommen hat? Ich streckte die Beine nach hinten aus und presste die Fußsohlen gegen die Beckenwand. Dann streckte ich die Hände vor mir aus und stieß mich ab, zog mich, so fest ich konnte, durch das Wasser, bis meine Arme an meine Seiten gepresst waren. Mein Körper bewegte sich elegant vorwärts. Ich ließ ihn aufsteigen. Mein Gesicht kam an die Oberfläche, und ich öffnete den Mund, um den Sauerstoff tief in meine Lungen zu saugen.

Chris erschien. Mum musste ihn hereingelassen und ihm gesagt haben, wo ich war. Er lächelte mich an, als er sich das T-Shirt auszog und seinen schlanken, sonnengebräunten Torso enthüllte, und dann glitt er zu mir ins Wasser.

Worte hockten auf meiner Zunge wie eine Kröte. Ich ließ sie raus.

»Chris, ich kann nicht länger deine Freundin sein. Ich habe einfach dieses Bauchgefühl, das ich nicht ignorieren kann. Verstehst du? Hattest du schon jemals so ein Gefühl, dass du einfach etwas tun musst, obwohl du nicht weißt, wieso – du weißt einfach nur, dass du auf das Gefühl hören musst?«

»Ja«, gab er zurück. »An dem Abend, als ich dich getroffen habe, hat mir mein Bauchgefühl gesagt, ich muss dich küssen, und ich muss dich haben.« Als ich das hörte, tat mir das Herz weh. »War alles in Ordnung bei deinem Termin? Gibt es da etwas, was du mir nicht erzählst?«

»Bei meinem Termin war alles in Ordnung.« Ich streckte die winzigen Arme zu seinen breiten Schultern empor. »Es tut mir so leid.«

Als ich ihn berührte, erstarrte er zu einer Eisskulptur.

»Umarme mich richtig«, wies ich ihn an.

Sein steifer Körper wurde weich, und er beugte sich zu mir herunter, genau wie immer, und erwiderte meine Umarmung. Ich atmete seinen Duft nach Axe-Deo und Meerwasser ein. Dann drückte ich ihn zum letzten Mal und ließ ihn los. Dabei begegnete er meinem Blick. Er schaute mir so intensiv in die Augen, dass ich fürchtete, er könnte meine Gedanken lesen. Plötzlich wollte ich ihn küssen, tat es aber nicht.

»Du bist so wunderschön, Kirsty.«

Meine Seele wollte aus meinem Körper fliehen. Ich riss mich von ihm los.

»Versprich mir, dass wir Freunde bleiben, ja?«, bat ich ihn. »Ich meine das ganz ernst. Ich weiß, viele Leute sagen das so, aber ich meine es wirklich. Ich will, dass wir Freunde bleiben.«

Er nickte.

Zusammen kletterten wir aus dem Pool und trockneten uns ab. Ich brachte Chris zur Tür und schaute zu, wie er auf sein Fahrrad stieg. Er schaute hoch, machte seinen Helm fest und winkte. Dann stieß er sich vom Bordstein ab und fing an zu treten. Ich winkte ihm zum Abschied nach, obwohl er mich nicht sehen konnte.

* * *

Ich ging auf dem Heimweg die Hotham Road in Gymea entlang zum Kingsway, erleichtert darüber, dass heute der letzte Schultag des Jahres 1997 war. Meine Kopfschmerzen begleiteten meine Schritte, ließen bösartig meine Sicht verschwimmen, zwangen mich dazu, die Augen zusammenzukneifen und die Stirn zu runzeln. Meine Freunde, die riesigen Gummibäume, leisteten mir Gesellschaft. Man kann fast keine Straße im Sutherland Shire entlanglaufen, ohne dass sich dort riesige Gummibäume im Wind wiegen und hoch in den Himmel ragen, gefährlich nah an den Stromkabeln.

Wir hatten heute ohne Uniform in die Schule kommen dürfen, deswegen trug ich mein Lieblings-T-Shirt. Es war weiß, und ich hatte Mum gebeten, es mir zu kaufen, weil vorne drauf »Sun, surf and smiles« stand. Ich lebte quasi in diesem T-Shirt und hasste es, wenn es in die Wäsche musste. Außerdem trug ich ein bequemes Paar Cargo-Shorts, das, wie ich glaube, noch nie gewaschen worden war. Als ich am Training College vorbeiging, hörte ich die Sohlen meiner schwarzen Flipflops auf dem Asphalt. Eine Gruppe Maschinenbaustudenten pfiff mir nach, und ich ignorierte sie, wie immer.

Als ich hinter mir rasche Schritte wahrnahm, wich

ich nach links aus, um dem Jogger Platz zu machen. Ganz leicht drehte ich den Kopf nach hinten, um zu signalisieren, dass ich die andere Person bemerkt hatte und vorbeilassen würde. Doch die Fußtritte verstummten, als sie mich erreichten, und ein vertrautes Gesicht grinste mich an.

»Hey … Was machst du denn hier?«, fragte ich.

»Ach … Ich wollte dich nur was fragen …« Jake stand vor mir und wirkte sehr verlegen. Immer wieder schob er seine Schultasche von einer Schulter auf die andere. »Darf ich dich umarmen?«

Ich brauche dringend mein Panadeine Forte.

»Klar«, sagte ich.

Ich schlang ihm die dünnen Arme um die schmale Taille und zog mich auf die Zehen hoch. Dabei konnte ich sein langes blondes Surferhaar riechen. Es duftete ein wenig nach Bleichmittel und Rexona-Deo. Mit seinen sonnengebräunten Armen umarmte mich Jake vorsichtig, als fürchtete er, er könnte mich zerbrechen, wenn er zu fest zudrückte. Er ließ mich los und legte mir dann beide Hände auf die Schultern.

»Darf ich dich küssen?« Bei diesen Worten konnte ich ihn atmen hören.

»Okay.«

Was machst du denn da? Du willst doch gar keinen Freund. Du willst herausfinden, warum du diese schlimmen Schmerzen hast, und außerdem willst du alle anderen in sicherem Abstand halten …

Behutsam drückte Jake seine Lippen auf meine.

Er ging so vorsichtig mit mir um, so behutsam. Seine Zunge bewegte sich sachte in meinem Mund. Er hielt meinen Kopf fest und verflocht dabei seine Finger mit meinem Haar. Ein Summen breitete sich in meinem Körper aus. Wenn Chris mich küsste, fühlte sich das so an, als würde er mich so sehr mögen, dass er mich verschlingen wollte. Jake hingegen küsste mich, als wäre ich eine zerbrechliche Fee, die kaputt gehen könnte, wenn er nicht aufpasste.

»Nehmt euch ein *Zimmer!*«, rief einer der Typen vom Training College.

Wir hörten mit dem Küssen auf.

»Darf ich dich nach Hause bringen?«, fragte Jake.

»Klar.«

Er nahm meine linke Hand, und wir schwebten zusammen über den Weg. Mein unterer Rücken wurde von unsichtbaren Fingern zusammengedrückt. Das Kopfweh tobte immer weiter wie ein Irrlicht durch meinen Schädel.

»Richtig so, Mann!«, brüllte der Typ vom Training College. »Nimm sie mit nach Hause und bring zu Ende, was du angefangen hast!«

21. Kapitel: Ungewöhnlich

Wir hatten Schulferien, und der Sommer war so drückend heiß wie immer im Sutherland Shire. Ich verbrachte sehr viel Zeit mit Debbie und unseren Freunden, und manchmal sah ich auch Jake, doch mein Körper benahm sich seit einiger Zeit völlig unberechenbar, besonders nachts. Dann hämmerten meine Kopfschmerzen, und in meinem unteren Rücken pulsierte es unbarmherzig, immer wieder durchfuhren mich stechende Schmerzen. Schlafen wurde unmöglich. Ich nahm Panadeine Forte, aber das Medikament wirkte nicht. Eine ganze Woche lang schlief ich kaum. Ich döste immer wieder für einige Minuten ein, dann fuhr ich im Bett hoch und rang nach Luft.

In der siebten qualvollen Nacht wachte ich auf, in Schweiß gebadet, und schaute auf die Uhr: Sieben Minuten nach drei. Ich warf die blaue Bettdecke auf den Boden. Schmerz bohrte sich in meine Schläfen, und meine Augen fühlten sich an wie Tennisbälle, zu groß für meinen Kopf und voller Zeug, das sie ganz körnig machte und jucken ließ. Stundenlang starrte ich hoch zu der blauen Decke mit meiner blauen Delphin-Windharfe, die Dad für mich am Fenster aufgehängt hatte. Ich bekam Krämpfe im Unterleib. Ich legte mir eine Hand auf den Bauch und umklammerte mit der anderen mein Medaillon. Dann stand ich auf und ging zum Schlafzimmer meiner Eltern. Dabei lastete mir die Melancholie schwer auf der Seele.

»Mum?«, sagte ich in die Dunkelheit hinein. »Dad?«

Beide setzten sich im Bett auf.

»Was ist denn los?«, fragte Mum.

»Wir müssen ins Krankenhaus. Die Schmerzen … Die Schmerzen sind ganz schlimm, und das Panadeine Forte nutzt nichts. Wir müssen fahren, jetzt gleich.«

»In Ordnung, Liebes«, sagte Mum. Meine Eltern suchten im Dunkeln ihre Sachen zusammen.

»Wir müssen ins Krankenhaus nach Randwick«, sprach ich weiter und lehnte mich gegen den Türrahmen. »Etwas ist ganz und gar nicht in Ordnung.«

Mum und Dad erstarrten, als sie hörten, dass ich nicht ins örtliche Krankenhaus, sondern nach Randwick wollte. Randwick war das Krebskrankenhaus. Der Ort, an den ich über vier Jahre lang nicht hatte zurückkehren müssen. Der Ort, den man nur aufsuchte, wenn etwas ganz schrecklich falsch lief.

***

Das Krankenhaus in Randwick hieß inzwischen nicht mehr *Prince of Wales Children's Hospital*, sondern *Sydney Children's Hospital*. Dort herrschte nicht länger das deprimierende Kackbraun vor, sondern man betrat ein modernes, gelbes und fröhlich wirkendes Gebäude.

Im Licht des frühen Morgens lag ich auf dem harten Krankenhausbett und fühlte mich besiegt. Ich wusste, was jetzt kam. Es war nicht leicht, doch ich bemühte mich, ruhig zu bleiben.

Dr. Sue Russell betrat den Raum. Sie hatte die Stelle des Profs übernommen, der in Rente gegangen war. Doch für seine Krebskinder kam er ab und an zurück. So machte er weiterhin Termine mit einigen Patienten, die die Behandlung hinter sich hatten und in Remission waren, und er engagierte sich immer noch im *Children's Cancer Institute of Australia*, das ohne ihn gar nicht existieren würde. Dr. Sue hatte wildes, schulterlanges braunes Haar, in dem kleine Flecken Grau aufblitzten. Sie war Anfang vierzig, und ihre Kleidung wirkte ungebügelt, so, als hätte sie darin geschlafen. Sie trug kein Make-up und schien ein bisschen erschöpft.

Nachdem sie einige Sekunden meine Unterlagen studiert hatte, sagte sie zu mir: »Ich glaube nicht, dass deine Leukämie zurückgekommen ist, Kirsty. Deine Blutwerte sehen normal aus, aber wir werden eine Lumbalpunktion und eine Knochenmarkbiopsie vornehmen, nur um sicher zu sein. Und du bekommst ein bisschen Lachgas, damit das Ganze nicht ganz so unangenehm für dich ist.«

»Okay«, gab ich zurück. Ich war ein wenig erleichtert darüber, die Nadeln nicht wie früher ohne Betäubung über mich ergehen lassen zu müssen.

»Soll dich jemand begleiten?«, fragte Dr. Sue.

Ich schaute meine Eltern an. Mums Haut hatte eine graue Farbe angenommen, und alarmiert stellte ich fest, dass Dad unsicher auf den Beinen wirkte. Mein energiegeladener, gesunder Vater, der fast jeden Tag surfen ging, sah aus, als könne er sich nur mit Mühe aufrecht halten.

Ich will das Mum und Dad nicht noch einmal zumuten. Sie brauchen wirklich nicht dabei zuzuschauen. Sie haben wegen mir genug Schreckliches gesehen. Bin ich denn dafür bestimmt, das Sorgenkind der Familie zu sein?

»Ich schaffe das allein«, antwortete ich Dr. Sue.

»Bist du sicher, Liebes?«, fragte Mum. Aber ich hatte ihre Erleichterung wahrgenommen. Das mache ich ihr nicht zum Vorwurf. Wer in aller Welt wollte zusehen, wie jemand anderes solche Untersuchungen über sich ergehen lassen muss?

»Ja, ganz sicher«, erwiderte ich.

Dad schien zu schwanken, aber er hielt sich aufrecht. Er hatte einen merkwürdigen Gesichtsausdruck aufgesetzt. Wodurch wurde sein Gesicht nur so verzerrt?

Mein Gott, Dad hat Angst. Scheiße. Ich will nicht der Grund dafür sein, dass Dad so aussieht.

»Geh bitte rüber ins Behandlungszimmer«, sagte Dr. Sue. »Man wartet schon auf dich. Später komme ich dann wieder zu dir. Ich glaube wirklich nicht, dass es deine Leukämie ist. Du bist jetzt seit über vier Jahren in Remission. Dass der Krebs nach so langer Zeit zurückkommt, ist sehr unwahrscheinlich.«

Ich schob mir das steife weiße Krankenhauslaken von den Beinen und stand auf. Ich trug meine Lieblings-Boxershorts. Sie waren aus blau-weiß gestreifter Seide, mit Figuren aus *Bananas in Pyjamas* darauf. Außerdem hatte ich mein Lieblings-T-Shirt an, »Sun, surf and smiles«, das ich an dem Tag getragen hatte, als mich Jake geküsst hatte. Ohne Hilfe ging ich nach links, am Schwesternzimmer vorbei und ins Behandlungszimmer.

Dieser Raum war der weißeste, kälteste und einschüchterndste, den ich je betreten hatte. Bestens dafür ausgestattet, dass jeden Moment ein Arzt hereinkommen und mit der Operation beginnen konnte. Eine Gänsehaut kroch mir über den ganzen Körper, und ich atmete flach. Ich fragte mich, ob Ärzte inzwischen irgendwie besser darin geworden waren, Lumbalpunktionen vorzunehmen.

»Spring einfach rauf, wenn du bereit bist«, sagte jemand zu mir.

Vor mir erhob sich drohend ein flacher Tisch, der aussah wie ein dick gepolstertes Bügelbrett. Die Fläche war mit einem Plastiklaken bedeckt, und als ich die Füße auf den kleinen Schemel stellte und mich dann auf den Rand setzte, klebte das Plastik an der Rückseite meiner Beine.

»Wenn du bereit bist, legst du dich bitte auf die Seite

und rollst dich zusammen«, sagte jemand anderes zu mir.

Ich nickte wie ein gehorsamer, emotionsloser Roboter. Mit dem Rücken zu den Stimmen legte ich mich auf die Seite und rollte mich zusammen, so sehr es ging. Jetzt konnte ich nur noch eine blendend weiße Wand sehen. Ich zog die Knie noch höher unter das Kinn, und dann drückte mir jemand eine Gummimaske auf Nase und Mund.

»Hol bitte ein paar Mal ganz tief Luft«, sagte jemand zu mir.

Das Gas roch stark. Zuerst metallisch und unangenehm, doch je länger ich es einatmete, desto weniger schien mir aufzufallen, wie widerwärtig es war. Meine Gedanken verwirrten sich, und die Welt verschwamm allmählich.

Das hier fühlt sich an wie ein Drogentrip. Träume ich das Ganze vielleicht nur? Vielleicht ist es überhaupt nicht real.

Ich spürte kaltes Desinfektionsmittel auf dem Rücken, und dann drang die Nadel tief in den unteren Bereich meiner Wirbelsäule ein, aber das alles nahm ich nur ganz vage wahr. Es war mir irgendwie egal, dass ich diese schreckliche Prozedur einmal mehr über mich ergehen lassen musste.

Bin ich wirklich hier? Und wer bin ich eigentlich? Meine Lider sind so schwer. Ich bin so müde. Am besten schlafe ich erst mal. Autsch … Da sticht was im Rücken. Ich habe gerade eine Untersuchung, oder? Ich kann mich nicht konzentrieren. Warum kann ich mich denn bloß nicht konzentrieren? Das gefällt mir nicht, aber ich unternehme lieber nichts dagegen, das wäre einfach zu anstrengend.

* * *

Durch das Gas musste ich eingeschlafen sein. Als ich aufwachte, lag ich wieder im Bett und war froh, nicht mehr in dem Behandlungsraum zu sein. Am Fußende stand Dr. Sue. Sie schien mich lange anzuschauen, vielleicht war ich aber auch noch ein bisschen benebelt von dem Gas. Ich versuchte, mich aufzusetzen. Mein unterer Rücken und meine Hüfte fühlten sich seltsam an und taten weh. Mein Haar juckte und war fettig. Wann hatte ich es zuletzt gewaschen?

»Kirsty«, sagte Dr. Sue nach einer Weile, die sich wie eine Ewigkeit anfühlte. »Es tut mir wirklich leid. Deine Blutwerte waren normal, aber dann haben wir uns die Rückenmarkflüssigkeit angeschaut … Deine Leukämie ist zurück.«

Ich weinte nicht. Ich schrie nicht. Ich bewegte mich nicht einmal. Nur ein Wort erschien in meinem Bewusstsein.

»Scheiße«, brachte ich heraus.

»Wir müssen dir einen ZVK legen, einen Zentralvenenkatheter. Deine Venen sind in keinem guten Zustand, das liegt noch an deinen ersten Behandlungen, und wir müssen so schnell wie möglich mit der Chemotherapie anfangen.«

Melissa hatte so einen Zentralvenenkatheter. Melissa ist gestorben. Oh, Melissa … Was passiert jetzt mit mir?

»Ich sorge dafür, dass jemand zu dir kommt und dir erklärt, wie das mit dem ZVK funktioniert«, fuhr Dr. Sue fort. »Wir müssen uns gut überlegen, wo wir ihn einsetzen, damit du weiterhin einen BH tragen kannst. Du wirst mindestens ein paar Wochen hier verbringen müssen.«

Ich nickte stumm.

»Wir werden außerdem überlegen, ob eine Knochenmarktransplantation sinnvoll für dich wäre, denn damit hast du die besten Überlebenschancen. Aber dafür müssen wir zuerst einen geeigneten Spender für dich finden.«

Langsam nickte ich wieder.

»Noch etwas, Kirsty«, sagte Dr. Sue. »Es tut mir wirklich leid. Ich hätte nicht gedacht, dass dein Krebs zurückkommt. Ein solcher Rückfall ist nach so langer Zeit sehr ungewöhnlich.«

Ungewöhnlich? Du liebe Güte – wer um alles in der Welt wünscht sich, von einer Ärztin als »ungewöhnlich« bezeichnet zu werden?

Ich saß ganz still da.

»Wir werden dich auf die Station bringen«, fuhr Dr. Sue fort. Sie sagte nicht »Krebsstation«, denn ihr war klar, dass ich genau wusste, was sie meinte. »Du bist jetzt sechzehn Jahre alt. Wenn du möchtest, kannst du zu den Erwachsenen, aber wir behalten dich gern hier. Das kannst du ganz allein entscheiden.«

»Ich bleibe bei den Kindern«, gab ich zurück.

»Eine gute Idee, denke ich«, meinte Dr. Sue. »Ich schaue morgen wieder nach dir.«

Dr. Sue ging. Dann kamen meine Eltern zurück. Dad umarmte mich wortlos und fuhr nach Hause.

Es war der 18. Januar 1998, und ich hatte zum zweiten Mal im Leben Krebs.

»Möchtest du mit Danielle telefonieren?«, fragte Mum.

Ich nickte.

Mum rief Danielle an und erzählte ihr von meiner Diagnose. Dann reichte sie mir das Telefon.

»Hey, Sis.« Sobald ich Danielles Stimme hörte, fühlte ich mich etwas weniger von der Situation überwältigt. »Soll ich irgendetwas für dich erledigen?«

»Ja, da gibt es etwas«, erwiderte ich. »Ich gebe dir eine Liste mit Namen, und du rufst bitte die Leute an und sagst ihnen, dass ich wieder Krebs habe. Sag ihnen aber auch, dass ich es schaffen werde. Ich weiß, die Leute werden sich wahrscheinlich riesige Sorgen machen, aber sag ihnen, das sollen sie nicht, okay?«

»Okay, Kirsty.«

»Mum bringt dir dann die Liste mit.«

»In Ordnung. Was hat die Ärztin denn gesagt?«

»Dass ich einen Zentralvenenkatheter brauche und Chemotherapie bekommen muss, bevor ich wieder nach Hause kann. Das Ganze wird ein paar Wochen dauern.« Ich klang noch nicht einmal wie ich selbst. Meine Stimme war ganz flach, eine verunstaltete Version.

Mum bedeutete mir, ich solle ihr das Telefon geben. Ich reichte ihr den Apparat und ließ mich in das steife Krankenhausbett zurücksinken. Dabei hörte ich, wie Mum zu Danielle sagte, sie solle ein paar Ladungen Wäsche in die Maschine stecken.

22. Kapitel: Liebesflut

»Weißt du eigentlich, dass alle unheimlich gern an deinem Zimmer vorbeilaufen, Kirsty?«, fragte mich ein Pfleger namens Scott, während er Blutdruck und Temperatur maß.

»Warum das denn?«, fragte ich zurück.

»Wegen der Blumen. Hier drinnen gibt es so viele, dass man sie beim Vorbeigehen im Flur riechen kann. Es muss eine Menge Leute geben, denen du wichtig bist.«

Mein Zimmer war voller Blumensträuße, Teddys, Ballons und Gute-Besserung-Karten, und ständig riefen alle möglichen Leute an, die mich mit positiven Gedanken unterstützen wollten.

»Und gerade ist ein neuer Blumenstrauß gekommen, aber für den habe ich noch keine Vase gefunden. Vielleicht muss ich mir von einer anderen Station eine leihen.«

Scott schrieb meine Blutdruck- und Temperaturwerte auf. Sie waren offensichtlich in Ordnung, denn ansonsten hätte er mir das gesagt.

Einige Minuten später kam er zurück, und zwar mit dem größten Strauß roter Rosen, den ich je im Leben gesehen hatte. »Sieht so aus, als würde jemand auf dich stehen«, kommentierte Scott verschmitzt.

»War eine Karte dabei?«

»Nein, nur die Blumen.«

Verblüffung breitete sich auf meinem Gesicht aus.

»Dann hast du wohl gleich mehrere Verehrer.« Lachend machte er Platz für die Rosen.

Ich wurde rot.

»Das überrascht mich gar nicht. So ein hübsches junges Mädchen wie du ... Wenn ich sechzehn wäre, würde ich dich um ein Date bitten.« In seinem Blick glitzerte es frech.

Ich wurde wieder rot und verdrehte die Augen. Scott sah interessant aus, war aber nicht gerade mein Typ. Er trug sein dunkles Haar zurückgegelt in einem ordentlichen Pferdeschwanz, außerdem ein Ziegenbärtchen mit Schnurrbart, etwa so wie die drei Musketiere. In der Nase hatte er einen Ring, wie ein Bulle, und seine beiden Ohren waren mit silbernen und schwarzen Piercings bedeckt.

Grinsend schlenderte Scott aus dem Zimmer.

Wenige Sekunden später war er schon wieder zurück. »Da ist jemand für dich am Telefon. Möchtest du den Anruf annehmen?«, erkundigte er sich.

»Wer ist es denn?«

»Ein sehr höflicher junger Mann namens Chris.«

Mir rutschte das Herz in die Hose.

»Du solltest mit ihm sprechen, Liebes«, ermutigte mich Mum von ihrem Stuhl in der Zimmerecke aus.

Ich kann nicht.

»Kannst du ihm nicht sagen, ich würde gerade schlafen oder wäre zu krank zum Telefonieren?«, bat ich Scott.

»Bist du dir sicher?«, fragte Mum.

»Genau, bist du dir sicher?«, echote Scott.

»Ja«, wiederholte ich.

Schnell ging Scott aus dem Zimmer. Ich starrte den prächtigen und sicher wahnsinnig teuren Strauß mit den Rosen an. Noch nie zuvor hatte mir jemand Rosen geschenkt.

Scott kam wieder ins Zimmer. »Chris möchte, dass ich dir etwas ausrichte.« Ich nickte. »Er wollte sichergehen, dass du seine Rosen bekommen hast, und außerdem sollst du wissen, dass du ihn jederzeit anrufen kannst und dass er an dich denkt.«

Ich starrte auf meine weißen Beine, die ich aus dem Bett gestreckt hatte.

»Das ist aber sehr nett von ihm«, sagte Mum.

»Ja, er klang auch am Telefon sehr nett«, fügte Scott hinzu.

»Ich weiß«, sagte ich leise. »Chris *ist* auch sehr nett.«

Und genau aus diesem Grund muss ich ihn auch so weit wie möglich auf Distanz halten, zu mir und zu dieser ganzen Krebsscheiße. Wenn ich mit ihm spreche, erzähle ich ihm vielleicht aus Versehen, dass ich in Wirklichkeit Schluss mit ihm gemacht habe, weil ich spüren konnte, dass ich wieder krank werde, und weil ich ihm diesen ganzen Horror ersparen wollte, mit dem man es zu tun bekommt, wenn es einen wieder in den Krebstunnel zieht.

»Vielleicht hast du Lust anzurufen, wenn du wieder zu Hause bist«, schlug Mum vor.

»Vielleicht … Ich weiß es nicht.« Und ich wusste es wirklich nicht.

* * *

Die Sonntage auf der Onkologie sind anders als die anderen Tage. Normalerweise bekommt man keine intensive Chemoinfusion, weil für Notfälle nicht viele Ärzte vor Ort sind. Außerdem gibt es da eine Dame namens Patsy, die im Krankenhaus arbeitet und für uns Kinder, die Angehörigen und die Besucher grillt: fünf Dollar für einen riesigen Teller mit hausgemachten Nudeln und Salaten, mit frischem Obst, Wurst und Steak! Wenn man jemals den Verdacht hatte, dass es Engel gibt, die als Menschen verkleidet unter uns leben, würde einen Patsy definitiv daran glauben lassen. Doch das Ungewöhnlichste von allem ist, dass am Sonntag fast den ganzen Tag Besucher kommen dürfen.

Einige Wochen lang war immer nur Mum bei mir gewesen, aber mein Blutbild war endlich gut genug, dass ich Besuch bekommen durfte. Mum stand früh auf, um die einzige für Eltern zugängliche Dusche benutzen zu können. Dann half sie mir beim Baden, denn zum Stehen unter der Dusche war ich zu schwach. Wir wuschen und föhnten uns die Haare. Wir rieben uns mit Bodylotion ein, sprühten uns Deo unter die Achseln und zogen frische Kleidung an. Normalerweise trug ich nur Boxershorts und ein T-Shirt, aber heute zog ich Shorts an, außerdem einen BH, und machte mir die Nägel. Danach war ich völlig erschöpft. In meiner Aufregung über ein Treffen mit Menschen, die nicht in dieser Krebswelt lebten, hatte ich vergessen, dass ich selbst sehr wohl hierher gehörte und dass ich manchmal vor Erschöpfung völlig schlaff wurde. Mum türmte eine Menge Kissen in meinem Bett auf, die mich aufrecht halten sollten. Ich wollte meine Besucher nicht im Liegen empfangen.

Als Erstes erschien Dad mit Matt und Brett. Meine Brüder umarmten mich. Ich konnte mich nicht erinnern, dass einer von ihnen das jemals getan hätte. Vielleicht hatte es Dad befohlen.

Von Dad bekam ich eine seiner Spezialumarmungen. Dann gab er mir eines der besten Geschenke, das man jemandem mit Krebs machen kann: einen Discman. Außerdem bekam ich etwa zwanzig Ersatzbatterien, Kopfhörer und einen Riesenstapel CDs: Phil Collins, *The Beatles*, *The Carpenters*, *ABBA*, *Midnight Oil* …

Nach weiteren unerwarteten Umarmungen meiner Brüder und noch einer von Dad war es schon wieder Zeit zum Gehen. Dr. Sue hatte uns geraten, jeder Besuch solle nur zehn bis dreißig Minuten bleiben, damit ich mich nicht überanstrengte. Als mich Dad zum allerletzten Mal zum Abschied umarmte, flüsterte er mir ins Ohr: »Wenn du nicht schlafen kannst oder dir schlecht ist, wenn du Schmerzen hast, dich traurig oder ängstlich oder wütend fühlst – oder alles gleichzeitig –, dann versprich mir bitte, dass du einfach Musik hörst, ja?«

»Versprochen«, sagte ich. Es fühlte sich an, als wolle er mich für immer umarmen, wenn ich ihn nicht losließ. Mein Dad war so clever, dass er schon das kannte, was man inzwischen als »Musiktherapie« bezeichnet.

Nicht lange danach erschien die nächste Besucherschicht: Debbie und Geoff. Geoff hatte eine Karte mit Genesungswünschen für mich, mit liebevollen kurzen Nachrichten von ihm und seiner ganzen Familie. Debbie hatte ein Gedicht für mich geschrieben und es mit dem Mond und vielen Sternen verziert. Außerdem brachte sie mir die neuesten Ausgaben von *Cleo*, *Cosmopolitan*, *Girlfriend* und *Dolly* mit.

Dann kamen meine Freunde vom Theater – sogar die Regisseure. Sie brachten mir Teddys und Lutscher, und meine Lieblingsregisseurin Lyn hatte Videos aller Aufführungen dabei, in denen ich in den letzten vier Jahren mitgespielt hatte. Sie achtete immer darauf, dass unsere Auftritte gefilmt wurden, sammelte sie und hob sie auf, aber ich hatte mir noch nie ein Video angesehen.

Mein letzter Besuch an diesem Tag bestand aus Danielle, Jane und Jake. Als ich Danielle umarmte, flüsterte ich ihr zu: »Ich muss mit Jake allein sprechen. Könnt ihr Mum ein paar Minuten ablenken, du und Jane?«

Natürlich erfüllte mir Danielle jeden Wunsch. Sie überredete Mum zu einem Spaziergang, damit sie ein wenig an die frische Luft kam. Jane schloss sich an und verkündete, sie werde beide zu McDonald's einladen.

Ich war mit Jake allein.

Meine Haut kribbelte und fühlte sich heiß an. Jake hielt meine Hand zwischen seinen Händen.

»Jake, ich kann nicht deine Freundin sein«, sagte ich. »Ich kann mit überhaupt niemandem zusammen sein – jetzt, wo das hier passiert ist.«

»Halt den Mund«, sagte er in humorvollem und zugleich liebevollem Ton.

»Nein. Du musst mir zuhören. Ich bin sehr, sehr krank. Ich werde meine Haare verlieren. Ich werde nicht mehr aussehen wie ich selbst. Ich denke, es ist am besten, wenn du einfach mein Freund bist, und nicht mit mir zusammen.«

»Ich habe doch gesagt, du sollst den Mund halten«, antwortete er. »Ich werde nicht mit dir Schluss machen, weil du Krebs hast.«

»Das brauchst du auch gar nicht. *Ich* mache Schluss mit *dir*.«

»Hör auf, Kirsty.«

»Nein. Du hast überhaupt keine Ahnung, wie schlimm es werden wird.«

»Doch, habe ich. Eine Krankenschwester war bei uns in der Schule und hat uns alles erklärt.«

»Du kannst es aber nicht verstehen. Du musst mir vertrauen. Du wirst nicht mein Freund sein wollen, und du wirst nicht mit mir zusammen sein wollen, und ich brauche im Moment auch keine Beziehung. Ich brauche dich nur als Freund.«

»Du hast doch schon ganz viele Freunde. Mach jetzt die Augen zu und streck die Hände aus. Ich habe etwas für dich. Ich hatte kein Geld für teure Blumen, also … musste ich improvisieren.«

Widerwillig schloss ich die Augen und streckte die Hände aus.

»Und jetzt mach die Augen wieder auf.«

Er gab mir ein Schulheft, das mit Bildern von all unseren Freunden beklebt war. Darauf hatte er in großen Buchstaben die Worte »WIR LIEBEN DICH« geschrieben.

»Was ist denn das?«, wollte ich wissen.

»Mach's auf.«

Das tat ich, und auf der ersten Seite standen die Worte »UND ICH AUCH«, von einem großen roten Herz eingerahmt. Mein Herz füllte sich mit Freude.

Jake liebt mich?! Oh!

Außerdem war da ein kurzer Text:

Liebe Kirsty,
ich habe noch nie jemanden kennengelernt, der so großartig, zielstrebig und tapfer ist. Ich habe noch nie einen Menschen mit einem größeren Herzen kennengelernt als dich. Dass uns diese Welt solchen Schmerzen aussetzt, ist nicht fair, aber du darfst nie vergessen, dass es eine Menge Leute gibt, die dich sehr

lieben, und ich gehöre dazu. Ich denke rund um die Uhr an dich und werde immer für dich da sein.
Alles Liebe, Jakey

»Du musst weiterblättern«, wies er mich an. Der Rest des Heftes war mit Botschaften unserer Freunde gefüllt; sogar von Schulkameraden aus meiner Stufe, die keine engen Freunde waren. Er hatte so viele gesammelt, wie er nur konnte, damit sich die Seiten mit Worten der Unterstützung und der Liebe füllten. Außerdem gab es Fotos, Zeichnungen und Gedichte.

Mein Gesicht wurde ganz heiß, als hätte ich mir einen heftigen Sonnenbrand eingefangen. Mir wurde schwindlig, und ich legte mich auf die Seite.

»Danke«, sagte ich. »Das ist so nett … Ich kann gar nicht glauben, dass du das alles für mich getan hast.«

»Ich liebe dich, und ich werde während dieser ganzen Sache für dich da sein.«

»Jake, nein … Du verstehst das nicht.«

»Hör auf«, beharrte er. »Ich kann damit umgehen.«

Nein, das kannst du nicht.

Mum, Danielle und Jane kamen zurück.

»Was ist denn los mit dir, Liebes?«, erkundigte sich Mum. »Warum hast du dich hingelegt? Und dein Gesicht ist ganz fleckig.«

»Ich weiß auch nicht, was das ist. Wir haben uns nur unterhalten, und dann … Es fühlt sich an, als würde mein Gesicht brennen.«

»Ich glaube, das war's für heute mit dem Besuch«,

verkündete Mum entschieden. »Es ist wohl am besten, wenn ihr drei euch auf den Weg macht.«

Ich hob die Hände, um mein Gesicht zu bedecken, aber Jake umfasste sanft meine Handgelenke. »Vergiss nicht, was ich gesagt habe.«

Ich konnte nur nicken.

Danielle und Jane küssten mich zum Abschied auf die Stirn. Kurz nachdem sie gegangen waren, explodierte mein Gesicht in einem Ausschlag mit roten Flecken und dicken Pickeln. Ich schloss die Augen. Dann hörte ich, wie die Krankenschwester zu Mum sagte, es sei eine Reaktion auf die Steroide.

* * *

Während der nächsten paar Wochen rief mich Jake jeden Tag an, sobald er aus der Schule kam. Jedes Mal versuchte ich, Schluss zu machen, und jedes Mal sagte er, ich solle den Mund halten. Er schickte mir kleine Dinge, zum Beispiel Miniteddys, für mich aufgenommene Kassetten, Blumensträuße aus den Gärten in seiner Straße, unzählige Liebesbriefe, eigene Zeichnungen und lustige selbstgeschriebene Kurzgeschichten.

War es denn möglich, dass ein sechzehnjähriger Junge eine Freundin mit Krebs haben wollte?

23. Kapitel: Ein neuer Kittel

An diesem Morgen wollte man mir den Zentralvenenkatheter einsetzen. Schon in wenigen Minuten sollte ich in den OP gebracht werden, da kam endlich eine Krankenschwester, um mir alles zu erklären.

»Solche ZVKs sind fantastisch«, sagte sie. Sie hatte die heisere Stimme einer Raucherin und roch nach Zigaretten und billigem Parfum. »Früher musste man den Leuten bei jeder Chemotherapiesitzung Kanülen in die Vene legen, oder bei einem Bluttest oder einer Blut- oder Blutplättchentransfusion, aber mit einem ZVK schraubt man einfach die Öffnung auf und schließt den Patienten an die Infusion an, oder man holt sich Blut oder injiziert die Chemotherapie.«

»Heißt das … dass es nicht mehr wehtut, wenn ich Infusionen bekomme?«, fragte ich nach. Das erschien mir ein wenig zu schön, um wahr zu sein.

»Genau, keine ständige Nadelpikserei mehr. Der

ZVK ist einfach wie eine Leitung, die mit einer Vene in der Nähe deines Herzens verbunden ist. Der Chirurg schneidet gleich die Haut in der Nähe deines Schlüsselbeins auf und führt den Schlauch ein. Du wirst später sehen, dass er hier rauskommt.« Bei diesen Worten berührte sie meine Haut über meiner rechten Brust. »Und da teilt sich der ZVK dann in zwei Schläuche, sodass wir dir Chemotherapie und eine Bluttransfusion gleichzeitig verabreichen können.«

»Ach so …«, sagte ich.

Dann muss ich mich nicht mehr mit Assistenzärzten herumschlagen, die nie eine Vene finden? Vielleicht ist das hier gar nicht so schlecht.

»Ach ja, so ein ZVK darf nicht nass werden, also wirst du nicht duschen oder schwimmen gehen können.« Das sagte die Schwester, als wäre das überhaupt kein Drama.

»Was?«

»Er darf nicht nass werden, denn dann kann es eine Infektion geben. Wenn Wasser oder Seife reinkommt oder du in einem Pool oder im Meer schwimmen gehst, erhöhst du damit das Infektionsrisiko, und na ja … Manchmal sterben Krebspatienten an so einer Infektion.«

»Wie soll ich mich denn dann waschen?«

»Die meisten lassen einfach nur ganz wenig Wasser in die Badewanne ein. Wie bei einem Vogelbad, weißt du? Man bringt dich jetzt gleich in den OP. Ich hole nur eben jemanden dafür.«

Ich kriege das hin. Das funktioniert schon. Melissa war jünger als ich und ist mit einem ZVK zurechtgekommen, ich muss mich einfach zusammenreißen.

Jemand vom Personal kam, um mich in den OP zu schieben, wo ich mir mein neues Accessoire abholen sollte. Mein Bettnachbar Matthew winkte mir nach, als ich an ihm vorbeirollte, und ich winkte zurück.

* * *

»Kirsty? Kirsty? Kannst du ganz kurz die Augen für uns aufmachen, Süße?«

Eine freundliche Frauenstimme versuchte, mich aus dem Schleier der Narkose hervorzuholen. Ich wollte die Augen öffnen, doch sie waren wie zugeklebt.

»Kirsty, kannst du mir kurz den Finger drücken und dann versuchen, deine Augen aufzumachen?« Ein kalter Finger schob sich in meine Hand. Ich versuchte, mich zu zwingen, während ich immer noch die benebelnde Narkose spürte. Schwach drückte ich ihren Finger zusammen.

»Gut, gut gemacht. Glaubst du, du bekommst jetzt deine Augen auf?«

Ich versuche es ja.

»Tut dir irgendetwas weh?«, fragte die freundliche Stimme. Sobald sie es erwähnte, erwachte der Schmerz zum Leben.

Hilfe! Mein Hals! Mein Nacken!

Mein rechtes Schlüsselbein durchfuhr ein Schmerz,

den ich noch nie zuvor erlebt hatte. Es fühlte sich an, als würde mir jemand mit einem Skalpell an der Stelle entlangschneiden, mich aufschneiden, wie ich da lag.

Vielleicht bin ich ja während der Operation aufgewacht? Ich habe mal gehört, dass das passieren kann … Oh mein Gott, das tut so weh.

Weil mich der Schmerz so quälte, begannen meine Augen zu tränen. Ich hielt sie immer noch geschlossen, öffnete aber meinen Mund ein klein wenig und fragte: »Ist die Operation vorbei? Ist der ZVK eingesetzt? Bin ich fertig?«

»Ja, Kirsty. Alles erledigt, und es ist gut gelaufen. Du bist jetzt im Aufwachraum. Wir bringen dich bald zurück auf die Station, aber erst musst du ganz kurz deine Augen öffnen, okay?«

Warum fällt es mir nur so schwer, die Augen aufzumachen?

»Kirsty, versuch's einfach und mach deine Augen zwei Sekunden auf, dann kannst du weiterschlafen, in Ordnung?«

Los jetzt, Kirsty. Mach einfach deine Augen auf. Das ist doch ganz leicht. Mach schon.

Ich zwang meine Augenlider einen oder zwei Millimeter nach oben. Grelles Licht schien durch die winzigen Schlitze.

»Nur noch ein bisschen weiter, Kirsty …«

Ich zwang mich dazu. Noch mehr Tränen liefen mir über die Wangen, während mich das Licht blendete. Die Schmerzen in meinem Schlüsselbein waren schlimm. Es fühlte sich an, als wäre die Wunde noch nicht wieder zusammengenäht, auch wenn ich wusste, dass das nicht sein konnte.

»Wunderbar!« Die Schwester mit der freundlichen Stimme wirkte ganz außer sich vor Freude. »Prima, dann bringen wir dich jetzt auf die Station zurück, damit du dich ausruhen kannst.«

* * *

Zurück im Zimmer merkte ich, dass ich dringend zur Toilette musste. Dann würde ich wohl die Augen öffnen müssen, damit ich es ins Bad schaffte.

»Ich muss mal ganz dringend«, sagte ich zu der Schwester auf der Station. Meine Blase war so voll, dass mir schon der Unterleib wehtat.

»Ich besorge dir eine Bettpfanne«, erwiderte die Schwester.

»Nein, ich will keine Bettpfanne. Meine Mutter kann mit mir ins Bad gehen.«

»Das ist keine gute Idee, Kirsty«, gab sie zurück. »Du bist gerade erst aus der Narkose aufgewacht. Ich hole dir einfach schnell eine Bettpfanne.« Sie wandte sich zum Gehen.

»Warten Sie«, hielt Mum sie zurück. »Kirsty benutzt nie eine Bettpfanne.«

Fest entschlossen zwang ich meine Augen auf. Die Schmerzen in meinem Schlüsselbein pulsierten, während ich mir die papierartigen Laken von den Beinen schob und die Ellbogen benutzte, um mich aufzusetzen. Ich wollte mir etwas von meiner Würde bewahren. Ich wollte nicht in meinem Bett sitzen, auf einer Bettpfanne, um mich herum nur den dünnen Vorhang, sodass mein Zimmergenosse Matthew im Bett daneben alles hören konnte. Das kam gar nicht infrage. Ich schwang die Beine über den Bettrand.

»Kirsty, Liebes«, sagte Mum. »Das ist vielleicht keine so gute Idee. Wir wollen doch nicht, dass du hinfällst oder so.«

»Mum, ich gehe jetzt zur Toilette. Ich muss dringend pinkeln. Bitte hilf mir. Wenn du das nicht tust, gehe ich allein.«

»Gut, Liebes«, sagte Mum. Sie kam ans Bett, um mir beim Aufstehen zu helfen. »Lass uns ganz langsam gehen. Lass dir Zeit.«

Ich schlurfte über den Boden, hob nicht einmal meine Füße, und mit jedem Schritt, den ich dem Bad näher kam, wuchs das Gefühl, das Richtige zu tun. Irgendwann erreichten wir die Tür. »Soll ich mit dir reinkommen?«, fragte Mum.

»Nein, Mum. Pinkeln kann ich schon allein«, erwiderte ich.

»Na schön. Dann warte ich hier vor der Tür. Schließ bitte nicht ab. Direkt neben der Toilette ist eine Klingel. Wenn dir schwindlig wird, drückst du drauf und rufst, und dann komme ich rein.«

Ich hob den weißen Krankenhauskittel hoch, und ein scharfer Schmerz durchfuhr meinen Nacken und mein Schlüsselbein. Ich zog die Unterhose runter und setzte mich auf die Toilette. Meine Füße berührten den Boden nicht, deswegen streckte ich eine Hand aus und hielt mich zum Abstützen an dem kalten Metallgeländer an der Wand fest. Als ich mit dem Pinkeln fertig war, durchlief eine Welle der Erleichterung meinen Körper. Ein Hochgefühl. Sicher wissen alle, was ich meine – das Gefühl, wenn man ganz dringend zur Toilette muss und dann endlich auch darf. *Ah!*

Ich putzte mich mit dem billigen, kratzigen Toilettenpapier ab, das es in jedem Krankenhaus gibt, zog die Unterhose wieder hoch und ließ den Kittel über meinen Hintern fallen. Gerade wollte ich wieder aufstehen, als ich mich in einem bodenlangen Spiegel erblickte, den man aus irgendwelchen absurden Gründen genau vor der Toilette an die Wand montiert hatte. Als ich mein Bild darin wahrnahm, hielt ich den Atem an.

Bin das ich?

Ich schlurfte näher an den Spiegel heran. Ganz glatzköpfig war ich noch nicht, doch das schmutzige Haar hing mir leblos über das fettig glänzende Gesicht.

Ach … Ich sehe einfach grässlich aus. Ich muss mir von jemandem die Haare waschen lassen. Bald bin ich kahl, aber mein Haar soll gepflegt aussehen, solange ich es noch habe.

Ich wusch mir die Hände mit ganz viel Seife, trocknete sie mit Papierhandtüchern ab, machte dann ein paar weitere Papierhandtücher nass und wischte mir das Gesicht. Meine Haut war leichenblass, und meine früher so muskulösen Beine wirkten ganz schwächlich und dürr. In dem riesengroßen Krankenhauskittel schien mein Körper winzig klein.

Jetzt will ich aber diesen ZVK mal sehen.

Mum schlug laut von draußen an die Tür. »Alles in Ordnung bei dir, Kirsty?«

»Ja, Mum! Ich wasche mir nur gerade die Hände. Gleich bin ich draußen!«

»Gut, Liebes. Lass dir Zeit. Nur keine Eile.«

Ich holte tief Atem und hob den Kittel an, über meinen flachen Bauch, über meine winzigen Brüste, die mir jetzt sogar noch winziger erschienen, und dann über meine Schultern, sodass ich den ZVK sehen konnte.

Hilfe …

Aus meiner Brust ragte ein Schlauch, der sich in zwei weitere Schläuche teilte, beide etwa fünfzehn Zentimeter lang. An der Stelle, an der der Schlauch meinen Körper verließ, hatte man ein quadratisches Stück Plastikfolie angebracht, um die Wunde vor Keimen zu schützen. An den Enden der beiden Schläuche befanden sich kleine Plastikklammern und Kappen zum Aufschrauben, über die man mich an Infusionen anschließen konnte. Sie waren genau wie die Kappen auf Melissas ZVK. Einfach nur monströs. Ich würde von nun an weite Tops tragen müssen, wenn ich nicht wollte, dass die Leute dieses Ungeheuer sahen. Angewidert ließ ich den Kittel wieder sinken, drehte den Wasserhahn auf und spritzte mir Wasser ins Gesicht.

Ich habe einen Alien im Körper, er sitzt halb drinnen

und halb auf mir drauf. Niemand hat mir vorher gesagt, dass es so sein würde. Sie haben gesagt, mit dem ZVK wäre alles leichter.

Plötzlich fühlte ich etwas unter dem Plastikquadrat auf meiner Brust. Ein roter Kreis erschien auf meinem Krankenhauskittel. Er wuchs und wuchs. Mir wurde übel, während sich der Blutfleck über meinen Oberkörper ausbreitete. Gleichzeitig wurde der Fleck kalt, und ich begann zu zittern. Der gestärkte weiße Krankenhauskittel verwandelte sich in ein rotes Kleid. In einen Kittel aus Blut.

»Mum!«, schrie ich.

Mum kam sofort hereingestürmt. »Um Himmels willen, du hast dir die Wunde aufgerissen.«

Jetzt kamen eine ganze Menge Leute ins Badezimmer gerannt, und ich konnte nur noch denken: *Ich wusste gar nicht, dass mein winziger Körper mit seinen neununddreißig Kilo so viel Blut in sich hat.*

24. Kapitel: Snugglepot und Cuddlepie

»Dann zieh dich mal aus«, meinte Danielle.

Nach mehreren Wochen Chemotherapie war ich wieder zu Hause. Ich würde weitere Chemo brauchen, doch erst musste man einen Knochenmarkspender für mich finden. Danielle, Brett und Matt waren alle getestet worden. Auch Mum und Dad hatte man getestet, obwohl es unwahrscheinlich war, dass sie als Spender in Frage kamen. Soweit ich weiß, liegen die Chancen, dass ein Elternteil einem Kind Knochenmark spenden kann, bei eins zu zweihundert, weil ein Kind jeweils die Hälfte der Gene von einem Elternteil bekommt. Dass sich im Knochenmarkregister ein geeigneter Spender für mich fand, eine völlig fremde Person, die nicht mit mir verwandt war, hatte eine Wahrscheinlichkeit von eins zu einer Million. Dr. Sue hatte mich nach Hause geschickt, in einer Morphiumwolke; dort sollte ich auf die Ergebnisse warten. Ich war von einem traumartigen

Kokon umschlossen und hatte ständig ein verrücktes Grinsen im Gesicht. Außer dieser vom Morphium ausgelösten Euphorie spürte ich vor allem ein Jucken auf der ganzen Haut.

»Großartig«, erwiderte ich, und meine Stimme triefte vor Sarkasmus. »Dann bekommst du mich jetzt wohl nackt zu sehen.« Ich seufzte dramatisch.

Danielle ignorierte mich und schloss die Badezimmertür.

Im Badezimmer lag ein harter brauner Teppich auf dem ganzen Boden, den Dad dort festgeklebt hatte. Er meinte, das sei sicherer, weil wir Kinder auf nassen Fliesen schnell ausrutschen könnten. Die Tapete hatte Mum ausgesucht und zusammen mit Dad angebracht. Sie war cremefarben, mit Bildern von Snugglepot und Cuddlepie zwischen grünen Gummibaumblättern. Die Gumminuss-Babys aus dem Kinderbuch schienen ziemlich zufrieden, an den Wänden in unserem Badezimmer zu wohnen.

Als ich den Hintern auf die kalte Plastikklobrille hievte, explodierte eine Gänsehaut auf meinen Armen und Beinen. Jeder einzelne Hubbel fühlte sich an wie ein Ameisenbiss. Danielle drehte die Wasserhähne der Badewanne auf, und das Wasser rauschte heraus. »Arme hoch«, wies sie mich an. Dann zog sie mir vorsichtig das T-Shirt aus.

Ich verschränkte die Arme vor der Brust und verbarg meine winzigen Brüste vor meiner energischen, großen Schwester. Sie packte mich bei den Schultern, um mir beim Aufstehen zu helfen, und führte mich langsam zur Badewanne. Über die Hähne kam mehr und mehr Wasser in die Badewanne, und langsam füllte sich das Badezimmer mit Dampf. Meine Gänsehaut löste sich allmählich auf.

Wusch!

Meine graue Trainingshose und meine Unterwäsche waren mir von der Hüfte bis runter an die Knöchel gezogen worden. »Um Gottes willen, Kirsty …« Danielle machte einen Schritt zurück, als sähe sie plötzlich einen Python vor sich. Mit weit aufgerissenen Augen registrierte sie meine nackte Gestalt. »Du bist so unglaublich dünn geworden.«

Sie half mir in das heiße Wasser. Die Gänsehaut verschwand, während ich in der Wanne saß. Ich sog das euphorische Summen der Opiate in meinem Blut auf.

»Irgendwie siehst du aus wie Kate Moss«, sagte Danielle. »Du weißt schon, sie hat diesen total dünnen Körper, wie ein Kind, das nicht genug zu essen kriegt.«

»Wenn ich nur aussehen würde wie Kate Moss.«

Danielle nahm sich einen blauen Schwamm und tauchte ihn ein, dann hob sie ihn und drückte ihn aus, sodass mir das heiße Wasser über den Rücken lief. Die ganze Zeit passte sie gut auf, damit mir kein Wasser über die Brust und auf den ZVK lief. Wie herrlich das war nach den Möchtegern-Vogelbädern im Krankenhaus – so schön warm und mit so viel Dampf!

Das Badewasser stand jetzt höher. Während es an meinem unteren Rücken und an meiner Hüfte hinaufkroch, fingen die Schmerzen an. Die Einstichstellen der Lumbalpunktionen brannten, als das heiße Wasser sie berührte. Meine rechte Hüfte, gequält von unzähligen Biopsienadeln, begann zu hämmern und zu pulsieren.

»Soll ich dir die Haare waschen?«, erkundigte sich Danielle.

»Ja!«, gab ich zurück. »Die sind fettig, und sie werden mir noch nicht ausfallen. Das kann ich spüren.«

Mit einer grünen Kanne aus der Küche begann Danielle, mir das wunderbar heiße Wasser übers Haar zu schütten. Sie drückte mir Shampoo mit Apfelduft oben auf den Kopf und fing an, es in mein Haar und meine Kopfhaut einzumassieren. Jetzt fror ich nicht mehr. Meine Gänsehaut war verschwunden.

»Ich bin mir absolut sicher, dass ich dir Knochenmark spenden kann«, meinte Danielle.

»Ich hoffe, es wird sich ein Spender finden.«

»Was passiert denn, wenn es keinen passenden gibt?«

Eine feuchte Stille senkte sich über das Badezimmer. Danielle spülte mir die Haare aus. Sie verteilte eine großzügige Portion Conditioner in den Händen, massierte sie ein und fuhr damit durch mein langes blondes Haar, das bald verschwunden sein würde. Der Kamm kratzte mir angenehm über den Rücken, während er mir durch das Haar glitt. Dann wusch Danielle auch die Spülung aus.

»Dr. Sue hat gesagt, wenn ich keine Knochenmarktransplantation bekomme, brauche ich mindestens drei Jahre Chemotherapie«, berichtete ich.

»Drei Jahre?!«

»Ja … Und die Chance, dass die Chemotherapie überhaupt funktioniert, beträgt nur siebzehn Prozent. Wenn ich also niemanden habe, der mir Knochenmark spendet, dann …« Ich brauchte den Satz nicht zu beenden.

Die Leute gehen davon aus, dass ich diesmal sterbe.

»Ich lasse dich jetzt ein paar Minuten allein.« Danielle stand auf und drehte die Wasserhähne zu. Jetzt lief kein Wasser mehr in die Wanne, aber um meinen unteren Rücken und meine Hüfte schlang sich immer noch der Schmerz. Danielle schloss die Tür hinter sich.

Jetzt war ich allein mit Snugglepot und Cuddlepie, dem dampfenden Badewasser und dem Morphiumnebel.

Nach einiger Zeit kam Danielle zurück. Ich stand auf, und während mich Danielle in das nach Lavendel duftende Badetuch hüllte, wurde mir bewusst, dass sich der Schmerz nicht länger um meinen Körper wand.

»Kirsty? Geht es dir gut?«

»Hmmm …« Ich entschied mich für eine Lüge. »Mir ist eingefallen, wenn mir die Haare ausgehen, verliere ich auch meine Augenbrauen und Wimpern …«

»Wirklich?«, fragte Danielle. »Du meinst, dein ganzes Haar fällt dir aus? Also, überall?«

»Genau, alles«, meinte ich.

»Was ist denn das da im Badewasser?« Danielle zeigte auf eine Stelle.

Ich schaute genau hin. Das Badewasser war jetzt voller Seifenreste und weißem Schaum, aber man sah deutlich etwas Orangefarbenes auf dem Wasser schwimmen.

Danielle trat einen Schritt näher. »Hey«, meinte sie. »Irgendwie sieht das aus wie …« Sie berührte mit der Hand das Wasser und zog sie blitzschnell zurück. »Du lieber Gott, Kirsty … Ist das dein *Schamhaar?*«

»Was?«, quietschte ich. Ich schaute an mir herunter, und es stimmte: Unter meinem weißen Bauch war nichts mehr. Das Haar auf meinem Kopf und meine Augenbrauen und Augenwimpern waren noch an ihrem alten Platz, aber mein Schamhaar war verschwunden. »Du hast im Wasser fast mein Schamhaar angefasst!«, zog ich meine Schwester auf.

»Sei still! Ich wusste doch nicht, was es war!«

Wir lachten, während sie mir aus der Badewanne half.

»Zieh noch den Stöpsel raus, ja?«, bat ich sie.

»Nie im Leben! Ich stecke doch meine Hand nicht zu deinen Haaren ins Wasser!«

Ich beugte mich in die Wanne und riss den Stöpsel heraus. Plötzlich erklang ein lautes Gurgeln, und wir mussten noch mehr lachen, als wir zusahen, wie ganze Klumpen meines feuerroten, drahtigen Schamhaars vom Abfluss geschluckt wurden. Ganz am Ende hörte man ein besonders lautes Geräusch.

»Hilfe«, rief meine Schwester. »Der Abfluss kriegt dein Schamhaar nicht runter.«

25. Kapitel: Klebrige Luft

»Und du bist dir sicher, dass du das schaffst?«

»Klar, Mum. Das geht schon in Ordnung.«

»Wir haben heute sechsunddreißig Grad. Vielleicht solltest du bis morgen warten – dann ist es vielleicht kühler.«

»Nein, ich will heute hin.«

»Gut, Liebes.«

Seit einigen Tagen war ich wieder zu Hause und das Ganze nun offiziell – ich war eine glatzköpfige Krebspatientin. Zum zweiten Mal im Leben. Wieder hatte man mir gesagt, ich solle die Schule nicht ganz so wichtig nehmen, und wieder hatte ich entschieden, so oft wie möglich hinzugehen und mir von den Lehrern die Hausaufgaben geben zu lassen, damit ich nicht hinter den anderen zurückblieb. Weil ich schon einige Wochen des neuen Schuljahres versäumt hatte, wollte ich unbedingt wieder in die Schule und meine Freundinnen und Freunde treffen. Doch zuerst musste ich alle mit dieser neuen, veränderten Version meiner selbst vertraut machten. Man hatte sie bereits gewarnt, dass ich eine Glatze haben und sehr krank aussehen würde, aber Warnungen und die Realität sind niemals dasselbe. Ich wusste, ich musste es ihnen in echt zeigen. Ich musste meine Schulkameraden so rasch wie möglich an meinen Anblick gewöhnen, damit wir von dieser Basis aus weitermachen konnten.

Es war ein knallheißer Tag im Februar, und ich hatte vor, um die Mittagszeit an der Schule vorbeizuschauen, bevor ich wieder am Unterricht teilnahm. In aller Schnelle, wie wenn man sich ein Pflaster abreißt, wollte ich ihnen zeigen, wie Kirsty mit Krebs aussah. Niemand, nicht einmal Debbie, hatte bisher meinen von der Chemotherapie heimgesuchten Körper aus der Nähe gesehen. Jetzt würden sie einen Eindruck bekommen. Sollten sie doch starren! Sie mussten sich meinem Anblick stellen. Sollten sie doch schockiert, verängstigt oder angewidert sein, oder alles zusammen.

Ich trug mein Lieblings-T-Shirt mit dem »Sun, surf and smiles«-Slogan. Der Stoff bedeckte meinen ZVK, aber nicht meine Glatze, und nichts konnte verbergen, dass meine von Steroiden entzündeten Wangen geschwollen und voller Pickel waren. Ich hatte weder Augenbrauen noch Augenwimpern. Jeder Quadratzentimeter meines Körpers war haarlos – Danielle konnte das bestätigen.

Als ich die angenehme Atmosphäre von Mums Toyota Camry mit seiner Klimaanlage verließ, schickte die Sonne Hitzeschauer und Schweißwellen über meinen Körper. Bald würde es zur Mittagspause klingeln – so hatte ich es zeitlich eingerichtet.

»Wenn du möchtest, dass ich dich abhole, lässt du einfach jemanden für dich anrufen«, wies mich Mum an. »Wage es ja nicht, bei dieser Hitze nach Hause zu laufen.«

Ich verdrehte die Augen. »Ja, Mum.« Sie fuhr davon. Ich war allein. Das fühlte sich komisch an. In der letzten Zeit war ich nie länger als ein paar Minuten allein gewesen.

Die Sonne brannte auf mich herunter, als ich durch das Schultor trat. Niemand war auf dem Hof. Alle saßen im Unterricht. Abgesehen vom Timing hatte ich keinen richtigen Plan.

Vielleicht sollte ich mich einfach auf die Bänke setzen, wo sich meine Freunde immer treffen, und warten …

»Kirsty? Kirsty, bist du das?« Das war ein Typ aus meiner Klasse namens Ahmed. Schüchtern kam er auf mich zu.

»Hey, Ahmed«, begrüßte ich ihn.

»Was machst du denn hier?«

»Ach, ich wollte einfach mal vorbeischauen und Hallo sagen.«

»Cool … Ähm … Ich wollte gerade auf dem Klo eine rauchen, aber wenn du willst, kann ich Debbie holen. Wir haben gerade Mathe.«

»Ja, das wäre prima. Tut mir leid, dass ich dich damit um deine Raucherpause bringe.«

Er lachte nervös. »Schon in Ordnung.« Aber er bewegte sich nicht. Er stand ein paar Sekunden lang nur da, wie festgefroren. Ich ließ ihn einfach dastehen, während es in seinem Gehirn förmlich ratterte und er den Schrecken meines Anblicks verarbeitete. Die Sonne war gnadenlos. Wenn ich mir einen Sonnenbrand holte, würde Mum ausflippen.

Nach ein paar peinlichen Sekunden verkündete ich: »Du, hier ist es furchtbar heiß, deswegen gehe ich jetzt zur Turnhalle. Könntest du Debbie und den anderen sagen, dass ich dort bin und mich freuen würde, sie zu sehen?«

»Klar. Natürlich.« Ahmed bewegte sich wieder. »Es ist schön, dich zu sehen«, fügte er dann hinzu – ein untrügliches Zeichen für die guten Manieren, die seine Eltern ihm beigebracht hatten. Dann zog er los, um meine Clique und alle anderen zu informieren, die sich vielleicht dafür interessierten, sich mal einen sterbenden Teenager anzuschauen.

Ich legte langsam die paar Meter bis zur Turnhalle zurück. Drinnen war die Hitze weniger brutal. In der Turnhalle roch es nach schmutzigen Socken und Kalk. Ein großer Stapel marineblauer Matten lehnte rechts von mir an der Wand. Links gab es eine Reihe aus Stühlen. Ich schnappte mir einen und stellte ihn in die Mitte des Raumes, dann setzte ich mich mit dem Gesicht zur Tür. Unter meinen Armen sammelte sich der Schweiß. Mein

Herzschlag war gleichmäßig. Ich holte tief Luft durch die Nase und ließ sie durch den Mund wieder heraus. Das Geräusch war in der leeren Halle deutlich zu hören.

Booooooooooong!

Der Gong zur Mittagspause erklang. Ich hatte ihn vermisst. Plötzlich hörte ich nervöse Schritte. Da kam jemand.

»Heilige Scheiße, Kirsty …« Es war Jane.

»Hey«, begrüßte ich sie betont locker.

»Du meine Güte! Ich kann gar nicht glauben, dass du hier bist.« Während sie auf mich zukam, weiteten sich ihre Augen, und ihr Blick wurde traurig. Ich stand auf. »Wie geht es dir denn?«

»Ähm …«

»Wahrscheinlich geht es dir scheiße. Als hättest du Krebs oder so.«

Ich lachte und merkte plötzlich, dass ich sie umarmte. Das hatte ich noch nie zuvor getan, und ich weiß auch nicht, warum ich es jetzt tat. Vielleicht war ich erleichtert darüber, dass sie immer noch ihre witzige Art draufhatte, dass sie mich nicht anders behandeln würde als sonst, obwohl ich jetzt so anders aussah. Jane erwiderte meine Umarmung.

»Die anderen sind gleich da«, verkündete sie.

Geoff und Ashley betraten die Halle. Ich umarmte beide. Debbie erschien. Auch sie umarmte ich. Mein Körper schien mir die Umarmungen zu diktieren, und ich folgte gehorsam.

Dann kamen zu meinem Entsetzen die gemeinen

Mädchen herein, die in der achten Klasse so fies zu mir gewesen waren. Mein Körper bestand darauf, sogar sie zu umarmen. Deborah und Jane standen wie zwei schützende Wasserspeier rechts und links neben mir, während sich die Turnhalle mit unserer ganzen Jahrgangsstufe füllte. Mein Körper machte keine einzige Ausnahme – wer durch diese Tür kam, wurde umarmt. Sogar Mrs. Ivers, die Lehrerin für Lebensmitteltechnik, und Mrs. Griffiths, die Theaterlehrerin.

»Weiß deine Mutter, dass du hier bist?«, erkundigte sich Mrs. Ivers. »Sie macht sich doch bestimmt riesige Sorgen.«

»Ja, sie weiß Bescheid. Sie hat mich hergefahren«, versicherte ich meiner Lehrerin. »Sie hat gesagt, ich soll sie anrufen, wenn ich abgeholt werden möchte.«

Mrs. Ivers zog ein typisches »Ich weiß ja nicht«-Lehrerinnengesicht. »Hmmm ... Eigentlich solltest du dich lieber zu Hause ausruhen.«

Ich wandte mich an Debbie. »Weiß Jake, dass ich hier bin?«

»Ja«, antwortete sie. »Ich glaube, das wissen inzwischen alle. Bestimmt kommt er gleich.«

Ich musste mich wieder hinsetzen. Mit so vielen Leuten war ich seit dem Abschlussball nicht mehr in einem Raum gewesen.

»Ich hole dir jetzt mal ein Glas Wasser«, verkündete Mrs. Ivers. Während sie die Halle verließ, kam Jake hereingeschlendert. Er suchte mit dem Blick die Menge ab.

Er erkennt mich nicht wieder. Er sucht nach der ihm vertrauten Kirsty, aber die bin ich nicht mehr.

Dann verzerrte sich sein Gesicht langsam vor Schreck.

Diesen Gesichtsausdruck kenne ich schon. Von Amos, als er mich als glatzköpfiges kleines Mädchen mit Krebs gesehen hat. Und jetzt bin ich hier, ein Teenagermädchen mit Krebs, und man starrt mich mit demselben erschrockenen Ausdruck an.

Jake brauchte lange, um zu mir zu gelangen. Ich stand auf und umarmte ihn, genau wie ich das bei allen anderen getan hatte, aber er erwiderte meine Umarmung nicht. Jetzt wusste ich, was der Begriff »vom Donner gerührt« bedeutete.

Mrs. Ivers erschien mit meinem Glas Wasser. In meinem Bauch rührte sich die Übelkeit. Langsam trank ich und versuchte zuzuhören, wie Jane sich über die vielen Hausaufgaben in der elften Klasse beschwerte. Jake sagte kein Wort. Er stand etwa zwei Meter von mir entfernt und starrte mich immer noch an. Seine Arme wirkten, als bestünden sie aus verkochten Spaghetti.

In diesem Augenblick wusste ich, dass es zwischen Jake und mir vorbei war. Manchmal sagt ein Blick mehr als tausend Worte, aber in seinem Blick las ich nur ein einziges Wort: »Nein.«

Und das war nicht nur bei Jake so. Die Turnhalle hatte sich so intensiv mit Angst gefüllt, als wäre die gesamte Luft darin erstarrt. Wenn ich die Finger vorsichtig bewegte, fühlte die Atmosphäre sich klebrig an, als hätte ich die Hand in einen Beutel Zuckerwatte gesteckt.

Es ist seltsam, wenn man in einem Raum ist, in dem alle dasselbe über einen denken. Ich konnte durch die Klebrigkeit, die sie mit ihrer Angst hatten entstehen lassen, ihre Gedanken spüren: *Sie wird sterben. Wenn man zwei Mal Krebs bekommt, stirbt man.*

Sie hatten sich alle umarmen lassen, weil sie dachten, es wäre zum Abschied. Jetzt wollte ich ihnen beweisen, dass sie sich irrten.

26. Kapitel: Schwestern

Im Erbrechen bin ich eine Meisterin. Das Erbrechen und ich, wir kennen uns schon lange. Wir haben eine Vereinbarung: Das Erbrechen gehört unbedingt zu meinem Leben, aber ich werde deshalb nicht aufhören, Dinge zu tun, die ich tun will. Es ist schade, dass für gekonntes Erbrechen kein Preis verliehen wird, denn schon als Kind brachte ich es fertig, immer zum Unterricht zu gehen, auch wenn ich mich mehrfach am Tag übergeben musste.

An einem dieser Tage in der elften Klasse saß ich gerade im Englischunterricht bei Mr. Small, als ich plötzlich die höfliche Vorwarnung erhielt, die dem Erbrechen vorausging. Ich hob die Hand.

»Bitte?«, reagierte Mr. Small, in eindeutig freundlicherem Ton als dem, in dem er mit dem Rest der Klasse sprach.

»Kann ich bitte zur Toilette gehen?«, fragte ich.

»Natürlich. Soll dich jemand begleiten?« Die Besorgnis schwappte über sein ganzes Gesicht.

Ein paar Leute aus meiner Clique setzten sich aufrecht hin, weil sie hofften, ich würde zustimmen und sie damit für ein paar Minuten aus dem Englischunterricht befreien, aber ich will kein Publikum, wenn ich mich übergebe. Das steht man am besten allein durch.

»Nein. Alles in Ordnung«, versicherte ich ihm, als ich den Stuhl zurückschob, und meine Freunde ließen sich wieder auf ihre Plätze zurücksinken. Mr. Small tropfte immer noch die Besorgnis vom Kinn, aber ich hatte mich schon auf den Weg zur Tür gemacht. Um erfolgreich zu erbrechen, muss man das Timing im Griff haben. Man muss sicherstellen, dass genug Zeit bleibt, den Kopf zielorientiert über die Toilettenschüssel zu halten.

Der Toilettenblock war ein hässliches Betongebäude am unteren Ende des Schulgeländes in der Nähe der Basketballplätze. Seine rostigen Metalltore wurden außerhalb der Unterrichtszeit mit Ketten verschlossen. Während ich mich dem Betonmonster näherte, schlug mir der Geruch nach Urin und Zigarettenrauch ins Gesicht, und das Erbrechen drohte früher als geplant einzusetzen. Aber das ließ ich nicht zu. So professionell bin ich dann doch.

Ich lehnte mich für einige Sekunden an ein kühles Metallgeländer und verließ mich dann auf meine Erfahrung und meine Entschlossenheit. Ich ging die Stufen hinunter, die zu den Toiletten führten. Mit verkrampften Fingern hielt ich mir den Bauch, als ich an den Waschbecken vorbeiging. Die Mehrzahl der Hähne funktionierte nicht, und nie gab es Seife zum Händewaschen. Die meisten Toilettentüren hatten kaputte Schlösser. Von vorherigen Sitzungen wusste ich, bei welchen Kabinen die Schlösser noch funktionierten. Zu meinem Nachteil waren die einzigen Türen, die sich ordentlich verriegeln ließen, ganz am Ende des Blocks.

Ich stieß die Tür mit dem blauen Graffiti mit der Schulter auf, knallte sie hinter mir zu, verriegelte sie und ließ mich auf die Knie fallen. Der Boden klebte durch jahrealte Urinablagerungen. Als meine Kniescheiben auf den Boden prallten, durchfuhr ein zitternder Stoß meinen ganzen Körper, sodass mein Skelett förmlich klapperte. Blaue und violette Flecke bildeten sich auf meinen Knien; mein Bauch zitterte vor Krämpfen; meine Eingeweide fühlten sich an wie verknotete Weihnachtsbeleuchtung. Dazu hämmerte mein Kopf, und der Schweiß rann mir in Bächen über meine Glatze.

Kaum hatte ich das Gesicht über die Toilette gebeugt, da erblickte ein widerlicher, schleimiger, metallischer Mix aus Kotze, Rotz und Tränen das Licht der Welt. Als alles mit Schwung auf das Wasser in der Toilettenschüssel traf, rächte sich dieses und sprang mir wieder entgegen. Jetzt hatte ich widerliches Schulklowasser im Gesicht, doch ich wich nicht zurück. Durchsichtiger Rotz floss mir aus den Nasenlöchern.

Ein paar Tränen bildeten Salzspuren auf meinen Wangen. Sie endeten an meinem Kinn und vereinten sich dort mit der Mischung aus Kotze, Toilettenwasser und Rotz.

Die erste Ladung bestand aus einer Komposition aus Wasser und den Tabletten, die ich vor einigen Stunden genommen hatte. Danach spuckte ich das knallorange, bittere Zeug aus, das immer kam, wenn mein Bauch leer war. Und dann fielen große Blutstropfen in die Toilette. Auch das Nasenbluten hatte die Einladung zu meiner Kotzparty angenommen.

Wer auch immer den menschlichen Körper entworfen hat – da gibt es eine Menge Löcher in unserem Gesicht. Jede Öffnung spuckt etwas aus. Mehr Kotze, mehr Tränen und noch mehr Blut. Ich hielt den Blick gesenkt und ließ geschehen, was geschehen musste. Mein Kopf fühlte sich an wie ein Ziegelstein, und mein dürrer Hals schrie vor Schmerz, während er meinen riesigen Schädel aufrecht hielt, der all diese Flüssigkeiten von sich gab. Jetzt roch ich keinen Zigarettenrauch und auch keinen Urin mehr. Die Blutstropfen aus meiner Nase wurden zu einem tiefroten, gleichmäßigen Strom. Die Kälte des Fliesenbodens bohrte sich in meine Knie. Während ich erneut eine Masse hochwürgte, die inzwischen gelb aussah, versuchte ich immer wieder Luft zu holen, aber das gestaltete sich schwierig, weil sowohl mein Mund als auch meine Nase anderweitig beschäftigt waren.

Einige weitere Sekunden vergingen, und ich erreichte nun die Phase des ineffektiven Würgens. Meine Eingeweide waren leer, aber diese Nachricht hatte mein Gehirn noch nicht erreicht. Bald wäre es so weit. Mein Herz schlug wie wild. Mein Kopf fühlte sich an, als hätte jemand auf meiner Glatze einen Scheiterhaufen errichtet und angezündet. Ich spürte, wie mir Schweißtropfen über den Rücken rannen, sodass meine Uniformbluse ganz feucht wurde und ich das Gefühl hatte, mir würden eiskalte Pfeile in Arme und Beine geschossen. Dann ließ das Würgen ein wenig nach. Der tiefrote Strom aus meiner Nase verwandelte sich in ein Tropfen und dann in ein müdes Tröpfeln.

Ich griff nach rechts und zog einen langen Streifen des dünnsten, billigsten Toilettenpapiers der Welt zu mir heran. Das Schlimmste war jetzt vorbei. Das Erbrochene hatte seinen Willen bekommen, und jetzt musste ich mich wieder so zusammenreißen, dass ich nach draußen konnte.

»Alles in Ordnung bei dir da drin, Schwester?«

Erschöpft ließ ich mich auf den Hintern fallen und schaute zu einem Gesicht hoch, das von einer Seite der Toilettenkabine auf mich heruntersah.

»Ach, Schwester, du siehst aber gar nicht gut aus.« Eine andere Stimme erklang, und ein weiterer Kopf erschien, der ebenfalls auf mich herunterstarrte.

»Sollen wir jemanden für dich holen, Schwester?« Das war eine dritte.

»Sie sieht überhaupt nicht gut aus.« Ein viertes besorgtes Gesicht sendete seine Anteilnahme.

Ein Quartett aus Kirinari-Mädchen. Kirinari hieß das Pensionat für Aborigenes in der Nähe unserer Schule.

»Ich bin okay«, gab ich zurück, während ich mir das Gesicht mit zusammengerolltem Toilettenpapier abwischte. »Ich muss nur noch eine Minute oder so hier sitzen.«

»Mach die Tür auf, dann setzen wir uns zu dir«, schlug eines der Mädchen vor.

»Das braucht ihr nicht. Ihr solltet zurück in den Unterricht gehen«, sagte ich.

»Nein, mach auf, und wir setzen uns zu dir.«

Eines der Mädchen fing an, an die Tür zu klopfen. Dabei rief sie: »Klopf-klopf, klopf-klopf, wer ist da?« Alle kicherten.

Ich schaute auf die Graffiti auf der Rückseite der Tür. Drei Sätze konnte man noch lesen: »LL ist ein Idiot«, »RC hat einen kleinen Schwanz« und »NJ ist eine Schlampe«. Jedes Mal, wenn ich herkam, um mich zu übergeben, hoffte ich auf einen neuen Kommentar. Ich putzte mir die Nase, wischte mir Augen und Gesicht mit einer weiteren Handvoll durchsichtigem, grobem Toilettenpapier ab. Dann richtete ich mich ein wenig auf, zog den Riegel zur Seite und ließ die Toilettentür aufschwingen. Alle zusammen saßen wir auf dem Boden.

»Du bist in derselben Stufe wie Tyson, oder?«, fragte eine meiner neuen Freundinnen.

»Ach, über den willst du doch nur reden, weil du in den verknallt bist!«, zog sie eines der anderen Mädchen auf.

»Quatsch, sie ist wirklich in derselben Stufe!«

»Genau, sie ist doch die mit dem Krebs. Bist du doch, oder?«

»Ja, bin ich.«

»Wir helfen der jetzt beim Aufstehen.« Das Mädchen, das in Tyson verknallt war, streckte die Hand nach mir aus, packte mein winziges Handgelenk und zog mich hoch. Dann brachten mich die vier zu den Waschbecken. Ich formte die Hände zur Schale und wusch mir mit dem beruhigend kühlen Wasser das Gesicht, dann benutzte ich sie zum Trinken und spülte alles weg, was in meinem Mund zurückbleiben wollte.

»Und jetzt bringen wir dich zurück in deine Klasse, Schwester.«

Meine neuen Freundinnen gingen mit mir über den Schulhof. Dabei unterhielten sie sich und brachen alle paar Sekunden in Gelächter aus. Ich fühlte mich wie ein Ballon, den jemand aufgeblasen und dann losgelassen hatte, und der jetzt schlaff auf dem Fußboden lag: eine hässliche Plastikhülle voller Spucke, die niemand aufheben würde, wenn er auch nur halbwegs klar im Kopf war. Trotzdem stellte ich fest, dass ich in das Kichern der Mädchen einstimmte. Kichern ist etwas viel Angenehmeres als Kotze, wenn es einem so unaufhaltsam aus dem Mund kommt. Ich öffnete den Reißverschluss meiner Rocktasche und holte ein Päckchen Kaugummi hervor. Dann packte ich einen aus und schob ihn in den Mund, bewegte ihn über die Zähne und meine ganze Zunge, um den widerlich bitteren Geschmack des Erbrochenen loszuwerden. Als ich den Mädchen davon anbot, nahm sich jede einen Kaugummi. Ein paar Minuten lang standen wir in der Nähe meines Klassenzimmers und kauten.

»Danke, dass ihr mich begleitet habt«, sagte ich.

»Du brauchst dich nicht bei uns zu bedanken, Schwester.«

»Hey, warum nennt ihr mich eigentlich die ganze Zeit Schwester?«, wollte ich wissen.

»Weil du unsere Schwester *bist«*, erklärte das größte Mädchen, als wäre ich total dumm und hätte gerade eine sehr alberne Frage gestellt.

»Was meinst du damit?«, hakte ich nach.

»Du bist eine Koori, Schwester!«

»Koori?« Ich war immer noch nicht schlauer.

»Ja, Koori, du weißt schon. Aborigine.«

»Bin ich das?«

Alle brachen in Gegacker aus.

»Wusstest du das etwa nicht?«

»Aber … Woher wisst ihr das denn?«

Sie schenkte mir ein wissendes Lächeln. »Hast du jemals deine Mum danach gefragt?«

»Sie spricht eigentlich nie über ihre Familie, und wir besuchen auch nur ganz selten ihre Angehörigen.«

Das fanden die vier Mädchen urkomisch.

»Dann bist du definitiv eine von uns, Schwester. Frag sie mal, deine Mum. Dann wird sie wahrscheinlich ziemlich nervös. Vielleicht gibt sie es auch nie zu, aber du bist unsere Schwester, Schwester.«

Erschöpft von meinem Ausflug zu den Toiletten stand ich einige Sekunden lang im Flur vor meinem Klassenraum.

»Wir sehen uns, Schwester«, verkündete das Mädchen, das in Tyson verknallt war, und bei diesen Worten machten sich die vier auf den Weg den Korridor hinunter.

Will Mum deswegen nie ihre Familie besuchen? Weil unsere Angehörigen mütterlicherseits Aborigines sind? Warum ist das ein Problem? Warum würde sie das vor mir verstecken, oder vor Danielle, Brett und Matt?

* * *

Als ich von der Schule nach Hause kam, wollte Mum gerade los, um Brett zum Fußballtraining zu fahren. Sobald ich hörte, wie das Auto die Auffahrt verließ, holte ich mir ihr Adressbuch. Darin fand ich eine Telefonnummer von Uncle Les. Mein Herz klopfte wie wild, als ich sie wählte.

Ein Mann ging an den Apparat.

»Hi, hier ist Kirsty. Jills Tochter. Kann ich bitte Uncle Les sprechen?«

»Kirsty!« Der Mann klang hocherfreut. »Hier ist Uncle Les! Wie schön, von dir zu hören. Wir wissen, dass du wieder krank bist, aber wir haben deine Mutter nicht erreichen können, obwohl wir dich gern besuchen wollten. Wie geht es dir denn? Bist du in Ordnung?« Plötzlich klang er panisch. Er glaubte wahrscheinlich,

ich riefe an, weil es schlechte Neuigkeiten über meinen Krebs gab.

»Mir geht's ganz gut. Hör mal, ich würde dich gern etwas fragen. Ich habe heute in der Schule ein paar Mädchen getroffen … Ein paar Aborigine-Mädchen. Koori. Und die haben gesagt, ich bin auch eine Koori.«

Schweigen.

»Bist du noch dran?«, fragte ich nach.

»Ja, Liebes, ich bin noch da.«

»Stimmt das? Bin ich eine Koori?«

Wieder schwieg er. Und dann: »Hast du schon mit deiner Mum darüber gesprochen?«

»Nein. Ich wollte zuerst dich fragen.«

Wieder Schweigen, das sich ewig lange hinzog.

»Es stimmt«, sagte er schließlich. »Deine Großmutter, meine Mutter und die Mutter deiner Mutter, war eine Koori, und das bedeutet, du bist auch eine Koori.« Jetzt war *ich* sprachlos. »Deine Mum hat noch nie gern darüber gesprochen.«

»Aber du sprichst darüber?«

»Ja …«

»Dann liegt es *daran*, dass wir euch nie besuchen, oder?« Er gab keine Antwort, aber das war auch nicht nötig. »Ich fände es sehr schön, wenn ihr zu Besuch kommen würdet.«

»Ich fände das auch sehr schön.«

»Könnt ihr das nicht versuchen?«, wollte ich wissen.

»Klar, Schatz. Geht es dir auch wirklich gut? Ich weiß, dass du sehr krank bist.«

»Ich verspreche dir, es stimmt. Ich war heute sogar in der Schule.«

»Dann ist ja gut.«

»Ich lege jetzt besser auf. Mum kommt sicher bald zurück.«

»Okay. Ich bin sehr froh, dass du angerufen hast, und hoffentlich sehe ich dich bald.«

»Tschüss, Uncle Les.«

»Bis bald, Süße.«

Ich legte auf.

Du lieber Himmel! Ich bin eine Koori.

* * *

»Mum.« Ich fing meine Mutter ab, sobald sie nach Hause kam. »Woher kommen unsere Angehörigen?«

»Wie meinst du das? Dads Seite ist aus Schottland, und meine Mum, deine Großmutter, ist Italienerin.« Mum klang ein klein wenig schnippisch.

Ganz leise konnte ich die Elstern in unserem hinteren Garten singen hören.

»Heute in der Schule haben ein paar Mädchen aus der Kirinari-Pension zu mir gesagt, ich wäre eine Koori, und dann habe ich Uncle Les angerufen, und er hat gesagt, es stimmt.«

»Wann hast du denn mit Uncle Les gesprochen?«

»Vor etwa zehn Minuten.«

»Nun, dein Onkel raucht gerne mal Marihuana, deswegen kommt er manchmal durcheinander. Schau dir doch Danielle und Brett an. Die haben rotes Haar und helle Haut mit Sommersprossen. Als du noch Haare hattest, warst du die Hellste von euch vier. Und du hast auch die blasseste Haut.«

»Matt hat dunkles Haar, dunkle Haut und dunkle Augen«, stellte ich fest.

»Und?« Jetzt klang sie langsam wirklich gereizt.

»Na ja … Warum ist Matt ein dunklerer Typ als wir anderen? Und bei dir ist das genauso wie bei Matt.«

»Weil ich Verwandte aus Italien habe.« Mum war jetzt offiziell angepisst und die Unterhaltung damit vorbei. Wir starrten einander ins Gesicht.

Ich glaube, sie lügt mich gerade an.

Draußen lärmten die Elstern weiter.

Warum sollte sie mich anlügen?

27. Kapitel: Bis heute nicht egal

Zu den vielen Dingen, die ich am Sutherland Shire so liebte, gehörte, dass ich überall hinlaufen konnte, wohin ich wollte oder musste, und immer leisteten mir die Gummibäume Gesellschaft. Aber dann kam ein Tag, an dem mich meine Baumfreunde im Stich ließen.

Die Schule in der elften und zwölften Klasse zu besuchen, während die Chemotherapie andauerte, war schwierig, aber ich denke nicht, dass die Leute begriffen, wie schwierig es tatsächlich für mich war, denn nach außen hin tat ich immer sehr tapfer. Ich ging in den Unterricht, so oft das nur möglich war. Meinen Lehrerinnen und Lehrern zuliebe gab ich mich selbstbewusst, selbst denen gegenüber, die mich mit dem mitleidigen »Du wirst sterben«-Lächeln bedachten. Wann immer jemand Augenkontakt zu mir aufnahm, sandte ich die Botschaft, mit mir käme alles in Ordnung.

Debbie, Jane, Geoff und Ben waren die besten

Freunde, die ich mir hätte wünschen können. An ihrer Loyalität zu mir änderte sich nie etwas. Außerdem hatte ich meine neu gefundenen »Schwestern«, die Mädchen aus der Kirinari-Pension – jetzt machte es mir nicht einmal mehr etwas aus, wenn ich mich in der Schule übergeben musste, denn normalerweise hingen sie im Toilettenblock herum und leisteten mir Gesellschaft. Doch wie ich bereits in der Grundschule hatte lernen müssen: Es gibt immer gemeine Leute, und die Tatsache, dass ich Krebs hatte, hielt sie nicht davon ab, grausam zu mir zu sein. Ich versuchte, die bösen Kommentare zu ignorieren. Manchmal sprachen sie in Hörweite über mich, manchmal hinter meinem Rücken.

»Oh mein Gott! Die sieht ja aus wie ein totaler Freak. Warum trägt sie keine Perücke oder so, damit wir sie nicht mehr anschauen müssen? Der Anblick deprimiert einen doch total.«

»Warum geht sie denn überhaupt noch zur Schule? Meine Mum hat gesagt, wenn jemand zum zweiten Mal Krebs bekommt, bedeutet das immer, dass er stirbt. Was soll das mit der Schule, wenn man sowieso nicht mehr lange lebt?«

»Schaut euch doch an, wie weiß ihre Haut ist. Sie sieht einfach nur widerlich aus.«

Und als wären die Kommentare nicht verletzend genug, lachten sie mich auch noch aus. Offensichtlich fanden manche Leute meine Krebserkrankung und meine Glatze amüsant.

Irgendwie schaffte ich es immer bis zur letzten

Stunde, und wenn dann der Gong ertönte, machte sich langsam das Gefühl in mir breit, mein Ziel erreicht zu haben. Dann war ich erleichtert, weil ich jetzt nur noch den kurzen Nachhauseweg hinter mich bringen musste. Ich lief die Hotham Road entlang, und die riesigen Gummibäume, die *Ghost Gums*, beschützten mich. Sie gaben keine Kommentare über meinen Krebs ab, und erst recht lachten sie nicht über meinen Glatzkopf.

An einem ganz besonders anstrengenden Tag, an dem meine Füße wegen der Chemotherapie kribbelten und sich zugleich taub anfühlten, wollte ich nach dem letzten Gong besonders schnell nach Hause. Auf meinen prickelnden Füßen entfernte ich mich von der Schule.

»Kirsty! Warte mal kurz!« Es war Jake.

Das überraschte mich. Bisher hatte er mich gemieden, als wäre Krebs ansteckend. Widerwillig wartete ich vor dem Metalltor.

Er kam rasch auf mich zu. »Hey, ich wollte dich nur kurz was fragen. Ich begleite dich nach Hause, okay?«

»Okay«, gab ich zurück. Ich lief weiter, während Jake neben mir herschlenderte.

Hier stimmt doch was nicht.

»Ich wollte nur wissen, was für eine Note du für unseren Englischaufsatz bekommen hast, den über *Macbeth*«, fing er an.

Ich konnte die Gummibaumblätter über mir nicht mehr atmen hören. Warum sind sie heute so still? Das ist doch fast nie so. In meinem Mund spürte ich noch den Geschmack meines Mittagessens – Mercaptopurin-Tabletten und der widerwärtige, metallische Geschmack von Panadeine Forte.

»Achtzehn von zwanzig habe ich bekommen«, antwortete ich.

»Im Ernst?«

»Ja, warum? Was hast du denn gekriegt?«

Darauf gab er keine Antwort. »Bist du morgen in der Schule?«, wollte er wissen.

»Nein. Morgen muss ich zu einer Lumbalpunktion und zu einer weiteren Behandlung. Das dauert den ganzen Tag, deswegen werde ich's nicht in die Schule schaffen.«

»Oh …«

»Jetzt sag schon, was hast du bekommen?«

Wieder ignorierte er meine Frage. Wir gingen unter den schweigenden Gummibäumen ein Stück weiter.

»Na los«, beharrte ich. »Ich habe dir meine Note schließlich auch gesagt.«

»Sieben«, gestand er. »Wie hast du nur achtzehn geschafft? Ich habe mich wirklich reingehängt und sogar bis spätnachts an meinem Aufsatz gearbeitet, und trotzdem ist das Ganze völlig in die Hose gegangen. Meinst du, ich könnte mir deinen mal ansehen? Oder vielleicht kannst du mir auch erklären, wie du eine so gute Note erreicht hast?«

»Nun … Ja. Vielleicht. Aber das ist komisch«, platzte ich heraus.

»Was ist komisch?«

»Du weißt schon. Erst sprichst du kaum mit mir und schaust mich nicht mal an, und jetzt willst du, dass ich dir helfe, weil du allein keinen Aufsatz hinbekommst.«

Ein Ausdruck der Überraschung glitt über sein Gesicht.

»Kirsty … Was ist denn los?«

»Warum gibst du's nicht einfach zu? Du hasst es doch, in meiner Nähe zu sein. Du hasst meinen Anblick, jetzt wo ich krank bin.«

Ich blieb stehen und ließ mich auf den Weg fallen. Mit der linken Pobacke hockte ich im Gras, und ich spürte, wie mich fiese Stachelgewächse in den Oberschenkel piksten. Meine rechte Pobacke war auf der heißen, kratzigen Oberfläche des Fußwegs gelandet, auf der keine Blätter lagen. Jake ließ sich rechts neben mir hinfallen. Ich bohrte den Blick tiefer und tiefer in den Weg vor uns, hinein in den schmutzigen Erdboden. Auch Jake richtete seinen Blick nach unten.

»Letztes Jahr hast du mich bis nach Hause verfolgt und mich geküsst«, erinnerte ich ihn. »Dann habe ich Krebs bekommen. Ich habe dich immer und immer wieder gewarnt, es würde schlimm werden, und du hast immer und immer wieder gesagt, du würdest zu mir stehen und mein Freund sein, aber sobald du mich gesehen hast … Du kommst ja kaum noch in meine Nähe. Ich weiß, dass du mich nicht mehr magst, weil ich Krebs habe. Ich habe recht, oder?«

»Ja«, brüllte er. Er bedeckte die Ohren mit beiden Händen.

»Hast du Angst, ich könnte sterben?«

»Nein.«

»Liegt es daran, wie ich aussehe?«

»Ja! Ja, es liegt daran, wie du aussiehst! Ich weiß, du hast mich gewarnt, aber ich hatte ja keine Ahnung, dass du so … so … so *hässlich* werden würdest! Du siehst nicht mehr aus wie du selbst! Ich will ja gern alles richtig machen, aber ich kann deinen Anblick einfach nicht ertragen. Du siehst so schlimm aus, Kirsty. Die Kids in der Schule sagen, du siehst aus wie ein Freak. Ich weiß, das macht mich zu einem miesen Typen, aber ich kann doch nichts für meine Gefühle. Ich hasse deinen Anblick, und ich ertrage es nicht, deinen Hinterkopf zu sehen, wenn du zum Unterricht gehst. Und dein Gesicht! Was ist bloß mit deinem Gesicht passiert?! Du siehst so anders aus.«

Ich wusste nicht, was ich sagen sollte. Da saßen wir auf dem Boden. Die Gummibäume kamen mir nicht zu Hilfe. Niemand kam mir zu Hilfe. Stachelgewächse stachen mich in die linke Hand, als ich mich abstützte und auf die Füße stellte. Ich streckte die rechte Hand aus, um auch Jake aufzuhelfen. Er nahm sie nicht.

»Los jetzt«, sagte ich. »Du musst nach Hause, sonst bekommst du Ärger, und ich muss auch nach Hause, sonst macht sich meine Mutter Sorgen.« Ich klemmte die Daumen unter meine Rucksackträger.

Er raffte sich langsam vom Boden auf, und plötzlich

war sein Gesichtsausdruck voller Wut. »Es macht mich einfach nur krank, wie du herumläufst, als wärst du was Besseres. Du solltest mal drüber nachdenken, wie du dich aufführst und was die Leute über dich denken. Du musst endlich aufhören, so zu tun, als hättest du keinen Krebs.« Zorn breitete sich auf seinem Gesicht aus, und für einige Augenblicke sah Jake überhaupt nicht mehr aus wie er selbst. Er hatte sich in einen entstellten Troll verwandelt.

»Was meinst du damit, ich laufe herum, als wäre ich was Besseres?«

»Du weißt genau, was ich meine. Wie du immer in den Unterricht kommst, jeden Tag, obwohl du krank bist. Warum machst du das?«, tobte er und hielt sein Gesicht ganz dicht vor meines. »Ich weiß nicht, was du eigentlich beweisen willst!«

»Du weißt nicht, was ich eigentlich *beweisen* will?«, wiederholte ich ungläubig, und jetzt erwachte auch in mir die Wut. »Ich will überhaupt nichts beweisen! Ich versuche, die Highschool und meinen Abschluss zu schaffen und gleichzeitig nicht an Krebs zu sterben. Hast du irgendeine Ahnung, wie schwer das alles für mich ist?« Jetzt konnte man Tränen in meiner Stimme hören. »Ich muss heim.«

Ich ließ Jake einfach stehen. Während ich nach Hause kroch, hörte ich kein einziges Blatt sich bewegen. Ich sah auf, um mich davon zu überzeugen, dass die Bäume immer noch da waren. Das waren sie, aber zwischen ihnen herrschte völliges Schweigen.

Noch bevor ich die Hand auf die Türklinke legen konnte, öffnete Mum die Haustür. Sie hatte darauf gewartet, dass ich aus der Schule kam.

»Was ist denn los, Liebes? Hast du Schmerzen? Wir müssen etwas besprechen.«

»Ich habe nach der Schule mit Jake geredet.« Ich schob mich an ihr vorbei und machte mich auf den Weg in mein Zimmer. Mum kam mir nach.

»Was ist denn los? Ich sehe doch, dass etwas passiert ist.«

Bitte lass mich in Ruhe, Mum. Ich will nur in mein Zimmer gehen und meine Hausaufgaben machen.

Ich schaffte es bis in den Türrahmen. Mum war immer noch neben mir. Ich ließ meinen Rucksack neben den Schreibtisch fallen.

»Kirsty, Liebes, erzähl mir doch …«

Ich konnte es nicht mehr zurückhalten. In mir tobte ein Sturm, und ich konnte ihn nicht eindämmen. »Jake hat mir gesagt, warum er mich nicht mehr mag. Es liegt daran, dass mich der Krebs hässlich gemacht hat.«

»Was? Hat er das wirklich gesagt?«

»Ja. Er meint, es geht nicht darum, dass ich vielleicht sterben muss, er hat einfach nur ein Problem damit, wie ich aussehe.« Ich ließ mich auf den Boden gleiten. Ich hielt meinen Kopf mit beiden Händen und zog die Knie bis an die Brust.

»Ach, Schatz …« Mum legte mir einige Sekunden lang einen Arm um die Schultern, aber sie war nicht so gut im Umarmen, das war Dads Spezialgebiet. »Ich habe heute ein paar Anrufe bekommen. Dein Bettnachbar Matthew aus dem Krankenhaus ist gestorben, und Dr. Sue möchte, dass du sie zurückrufst. Ich gehe jetzt und hole dir einen kalten Waschlappen. Weine nicht.« Mum ließ mich einige Minuten allein und kam dann mit einem nassen Waschlappen wieder. »Hier, Schatz, wisch dir mal das Gesicht ab.«

Ich konnte mich nicht rühren. Mum begann, mir mit dem kühlen Stoff über den Schädel und den Nacken zu reiben. Ich kniff die Augen fest zusammen. Beißende Tränen rannen heraus. ich konnte sie nicht länger zurückhalten. Mum wischte mir das gerötete Gesicht. »Hier, putz dir die Nase.« Sie schob mir ein paar Taschentücher hin. Ich schnäuzte sie dermaßen voll, dass mir Mum noch mehr geben musste. »So, und jetzt atme tief durch.« Das konnte ich nur durch den Mund. Meine Nase war völlig blockiert. »Und jetzt hole ich dir was schön Kaltes zu trinken.« Weg war sie, und ich saß da mit meinem Berg aus schmutzigen Taschentüchern. Mum kam schnell zurück, in der einen Hand einen großen Plastikbecher mit Orangensirup und in der anderen einen kleineren mit Medikamenten. »Du musst deine Nachmittagsdosis nehmen, Schatz.«

Ich verzehrte meinen Nachmittagssnack aus gelben und weißen Tabletten, eine nach der anderen, zusammen mit meinem treuen Freund, dem Orangensirup. Mum wartete, bis ich fertig war, und nahm mir dann den Becher ab.

»Möchtest du etwas essen?«

»Nein, danke, Mum. Ich rufe jetzt wohl besser Dr. Sue an.«

***

»Es tut mir so leid, Kirsty«, sagte Dr. Sue. »Niemand von deinen Geschwistern kommt für dich als Spender infrage. In der Spenderdatenbank gibt es auch niemanden, der passt. Wir können dir keine Rückenmarktransplantation geben.« Ein schriller Klingelton hallte mir plötzlich in den Ohren. »Unglücklicherweise sind drei Jahre Chemotherapie unsere beste Option, wenn wir dich in die Remission bekommen und auch dort halten wollen.« Mein Körper stand im Flur und hielt den Telefonhörer fest, doch meine Seele war in den Fußboden gekrochen. Es fühlte sich an, als würde sie schmelzen und sich auflösen, aufhören zu existieren.

»Die gute Neuigkeit ist, dass wir jetzt deinen ZVK rausnehmen und dir einen anderen Zugang einsetzen können, einen Port. Der ist dann so ähnlich wie ein ZVK, aber er darf nass werden. Du darfst duschen und schwimmen gehen.

Das alles tut mir sehr leid, Kirsty. – Kirsty? Bist du noch dran?«

»Ja, bin ich.«

»Wir besprechen das alles persönlich, wenn du wieder ins Krankenhaus kommst.«

»Okay. Tschüss.«

Mum hatte die ganze Zeit im Flur gestanden. Ich brauchte ihr nicht zu erzählen, was ich gerade von Dr. Sue gehört hatte – sie wusste es schon.

»Meine Hausaufgaben warten«, sagte ich.

»Was? Schatz, mach dir doch heute wegen der Hausaufgaben keine Sorgen. Warum ruhst du dich nicht aus und schaust ein bisschen fern? Wegen Matthews Beerdigung ruft uns noch jemand an, aber du brauchst nicht hin, wenn es dir zu viel ist.«

»Natürlich gehe ich hin«, antwortete ich gereizt.

»Gut, Liebes. Aber willst du jetzt wirklich deine Hausaufgaben machen?«

»Wenn ich sie nicht mache, werde ich an nichts anderes denken, als dass ich ein hässlicher Krebsfreak bin und mal wieder jemand beerdigt wird. Ich *muss* meine Hausaufgaben einfach machen, Mum.«

Sie nickte.

»Mum, weißt du noch, als ich in der Grundschule krank war und diese Kinder mich gejagt und mit Steinen beworfen haben, und dann hat mir dieser Junge die Schultasche an den Kopf geschlagen?«

»Ja, Schatz, das weiß ich noch. Es hat damals ewig gedauert, das Blut aus deiner Schuluniform zu bekommen. Warum fragst du?«

»Ich wünschte, Jake hätte mich heute gejagt und mit Steinen beworfen, statt das zu sagen, was er gesagt hat.«

»Oh, Schatz.« Mum zog mich erneut in eine ihrer halben Umarmungen. »Danielle kommt bald nach

Hause, und wenn du dann mit den Hausaufgaben fertig bist, solltest du Debbie anrufen, denke ich. Debbie ist eine so gute Freundin.«

»Okay.«

Ich ging in mein Zimmer, öffnete meinen Schulrucksack und holte mein Geschichtsbuch heraus. Wir nahmen gerade das Altertum durch. Ich las etwas über die Spartaner und darüber, wie stark sie waren. Ich erfuhr, dass die Frauen so hart im Nehmen waren, dass sie unter der Geburt keinen Ton von sich gaben, und dass sie sich eine Brust abschnitten, um besser Bogen schießen zu können. Ich wünschte mir, so stark zu sein wie die Spartanerinnen. *Ich wünschte mir, an Matthews Stelle gestorben zu sein.* Ich wünschte mir, es wäre mir egal, dass mich Jake hässlich fand, aber es war mir nicht egal, und es ist mir bis heute nicht egal. Bis heute ist mir *nichts von alldem* egal.

28. Kapitel: Wir werden gewinnen

»Ich kann es kaum erwarten, dieses Ding loszuwerden«, meinte ich und hob die beiden Schläuche an, die zu meinem ZVK gehörten.

»Was setzen sie dir denn stattdessen ein?«, wollte Debbie wissen. Sie war nach meinen dreifach schlechten Neuigkeiten zu mir gekommen.

»Noch so einen Schlauch in meine Brust, und der führt wieder zu einer Vene in der Nähe meines Herzens. Aber diesmal hängt der Schlauch nicht aus meinem Körper raus, also kann ich endlich richtig duschen und vor allem wieder schwimmen, und das bedeutet, dass die Sache klargeht und wir dieses Jahr den Splash-a-thon gewinnen.«

»Wie können sie das Teil denn benutzen, wenn es unter der Haut sitzt?«, fragte Debbie nach. »Ich meine, wie kriegen sie dann die Chemo in dich rein?«

»Mit einer Nadel«, erklärte ich. »Wenn ich Chemo

brauche, stechen sie mir immer an genau derselben Stelle eine Nadel in die Haut.«

»Das bedeutet, du wirst die Nadel jedes einzelne Mal spüren?«, fragte Debbie, und ihr Gesicht verzog sich vor Entsetzen und Ekel.

»Stimmt«, sagte ich. »Aber das ist in Ordnung. Wenigstens schaffen sie das dann gleich beim ersten Mal. Ich muss nicht dasitzen und durchhalten, während ein Arzt zwölf Mal hintereinander versucht, irgendwie eine Nadel in eine kaputte Vene zu bekommen. Der Teil des Schlauchs, in den die Nadel gestochen wird, ist ganz prall und rund …«

»Also wie ein Hoden vor dem Samenerguss?« Debbie musste über ihren eigenen schmutzigen Witz grinsen.

»Nein!«, rief ich aus. »Das ist ja widerlich! Ich wollte sagen, dass dieses runde Ding genau unter meiner linken Brust sitzen wird, direkt unter der Haut, also wird es sein, als hätte ich eine dritte Brust, eine Minibrust.«

Ich kicherte, während ich mir vorstellte, wie ich mit drei Brüsten aussehen würde.

»Ernsthaft?«

»Ja, ernsthaft. Ich bekomme eine dritte Titte.«

Deborah sorgte immer dafür, dass sich die schlimmen Tage, die man erlebte, gar nicht so schlimm anfühlten. Auch am schlimmsten Tag meines Lebens.

***

Und so wurde der Zentralvenenkatheter aus meinem Körper entfernt und durch einen Port ersetzt. Das tat genauso weh wie beim ersten Eingriff. Danach konnte ich den Kopf weder nach rechts noch nach links bewegen, und hoch- oder runterschauen konnte ich auch nicht. Nur starr geradeaus, das ging.

»Wann darf ich nach Hause?«, fragte ich Mum.

»Ich gehe davon aus, dass du über Nacht bleiben musst«, antwortete sie.

»Ich will nach Hause.«

»Ich weiß, Schatz.«

Ich konnte genau spüren, wo man mir die Haut aufgeschnitten und den neuen Schlauch eingesetzt hatte. Dort brannte und stach es.

»Warum gehen wir nicht ein Stück zusammen, bis zum Elternzimmer?«, schlug Mum vor.

Ich schwang die Beine über den Bettrand und stand auf. Ganz langsam und unter großen Schmerzen schlurfte ich zum Elternzimmer. Dort klappte ich auf dem Zweisitzer-Sofa in der Mitte des Raumes zusammen, verschwitzt und erschöpft.

»Fühlst du dich fit genug für Besuch?«, erkundigte sich Mum. »Sie kann den Kopf nicht drehen, weil sie heute operiert worden ist«, erklärte Mum jemandem, der in der Tür stand. Mein Gast kam näher und setzte sich direkt neben mich, griff dann nach meiner linken Hand.

»Hi, Kirsty.« Es war Wayne. Der gehörte nicht gerade zu den engen Freunden, die ich regelmäßig sah.

Bisher waren wir uns nur bei den Fundraising-Veranstaltungen begegnet. Als er jetzt im Krankenhaus neben mir saß – da wusste ich, dass die Dinge schlecht standen. Wirklich schlecht. So schlecht wie drei Jahre Chemo. Als hätten alle furchtbare Angst, aber niemand wollte darüber sprechen. Als würden die Leute glauben, dass ich sterben müsste.

Wayne saß da und hielt schweigend meine Hand. Mum redete ohne Punkt und Komma auf ihn ein. Sie sagte, wie nett es von ihm sei, zu Besuch zu kommen, wo sie doch wisse, wie beschäftigt er sei.

»Wayne«, setzte ich in ruhigem Ton an. »Dieses Jahr wird mein Team den Splash-a-thon gewinnen.«

Er nickte. Was hätte er auch sagen sollen. Er konnte ja nicht zugeben, dass ich wahrscheinlich bald tot sein würde. Das würde niemand laut aussprechen – jedenfalls würde es mir niemand ins Gesicht sagen.

»Dieses Jahr wird mein Team *The Water Faeries* heißen, die Wasserfeen, und wir werden das meiste Geld einnehmen«, fuhr ich fort. »Sogar mehr Geld als die von der Laguna Street.«

Wayne saß noch eine Weile bei mir. Dann, kurz vor seinem Aufbruch, wandte er sich mit Worten an Mum, die mich überraschten. »Ich weiß, die Leute sagen immer, man soll sich melden, wenn man irgendetwas braucht. Aber ich möchte, dass Sie wissen, dass ich das völlig ernst meine. Wenn Sie oder Kirsty oder Ihre Familie irgendetwas brauchen, möchte ich, dass Sie zu mir kommen, okay?«

»Das ist sehr nett von Ihnen, Wayne«, erwiderte Mum. »Danke. Aber jetzt bringe ich Kirsty lieber wieder ins Bett.«

Er drückte mir ein letztes Mal die Hand. Dann begleitete ihn Mum nach draußen.

»Ich verspreche es dir, Wayne«, sagte ich, als er aus meinem Blickfeld verschwand. »Dieses Jahr gewinnt mein Team.«

29. Kapitel: Klopf, klopf!

Inzwischen war ich achtzehn und bereitete mich auf meine Abschlussprüfungen vor, und auf eine Beerdigung – ein weiterer ganz gewöhnlicher Tag im sonnigen Sutherland Shire. Heute wurde ein weiterer junger Krebskamerad beerdigt. Das Sterben hörte einfach nicht auf. Ich hatte nach Matthews Beerdigung angefangen zu zählen. Das Begräbnis heute – Lukes Begräbnis – war Nummer achtzehn.

Inzwischen hatte ich mich daran gewöhnt, Beerdigungen zu besuchen. Rituale – dass man explizit keine schwarze Kleidung trug, weiße Tauben oder Ballons in den Himmel aufsteigen ließ – hatten jegliche Bedeutung verloren. Solche Dinge taten die Leute, wenn das so unergründlich Falsche geschah. Und keine dieser Beerdigungen hatte eine Person betroffen, die in hohem Lebensalter gestorben war. Trotzdem hatte ich geglaubt, alles über Beerdigungen zu wissen, bis …

Klopf, klopf, klopf!

»Du darfst ihn anfassen, wenn du möchtest.«

Klopf, klopf, klopf! Ich wünschte, sie würde damit aufhören.

»Hörst du das, wenn ich klopfe? Er klingt hohl. Wie eine Trommel.«

Klopf, klopf, klopf! Als würde sie bei irgendjemandem gegen die Haustür pochen, berührte Lukes Mutter mit den Fingerknöcheln den Torso ihres toten Sohnes. Eine Schaufensterpuppe von einem Jungen ruhte da vor mir. Während ihm seine Mutter ans Brustbein schlug, konnte man hören, wie leer die Hülle seines Körpers war. Wer jemals an die Tür eines leeren Hauses geklopft und das Echo nackter Bodendielen zur Antwort bekommen hat, kann sich das Geräusch vorstellen, das mich bis heute verfolgt.

»Die Einbalsamierung ist gut gelungen, oder?«

Nein. Das hier ist einfach nur grauenhaft.

»Er sieht aus, als würde er mit geschlossenen Augen im Bett sitzen.«

Nein, das stimmt nicht. Er sieht aus wie eine Leiche. Wie ein Körper ohne Seele.

»Es gibt nichts, wovor man Angst haben müsste.«

Doch. Diese Leiche könnte ich sein. Ich könnte die Nächste sein. Die Nummer neunzehn auf der Liste der Toten.

»Komm doch rein. Fass ihn an. Sprich mit ihm. Das hat er so gewollt.«

Er wollte leben. Genau wie ich. Er war genau wie ich.

Klopf, klopf, klopf!

Ich war zur Statue erstarrt, eingefroren durch den Anblick, den ich ertragen musste. Mehrere entsetzliche Minuten lang standen Mum und ich im Türrahmen von Lukes Zimmer.

»Ich lasse euch jetzt ein wenig mit ihm allein.«

Ich möchte nie eine einbalsamierte Leiche sein, die in meinem Zimmer sitzt, während mir Mum auf die Brust klopft.

Endlich rührte ich mich, aber ich bewegte nur meine Augen. Ich schaute aus dem Fenster und sah, wie Lukes Vater und seine Freunde Nägel in Holz schlugen und es mit verschiedenen Farben besprühten. Sie bauten in der Auffahrt einen Sarg. Ich wünschte, sie hätten sich einfach für ein paar weiße Tauben entschieden.

»Auf Wiedersehen, Schatz«, flüsterte Mum Luke zu und küsste ihn auf die einbalsamierte Stirn. »Ich warte jetzt draußen«, wandte sie sich dann mit leiser Stimme an mich. »Lass dir so viel Zeit, wie du brauchst. Ich bin direkt draußen vor der Zimmertür.«

Ich nahm all meinen Mut zusammen und ging langsam zum Bett. Dann flüsterte ich Luke etwas zu, was nur für ihn bestimmt war.

»Es tut mir leid, dass ich am Leben bin und du nicht. Ich weiß nicht, wer bestimmt, wer stirbt und wer leben darf. Auf Wiedersehen, Luke.«

Ich fasste ihn nicht an. Ich konnte es nicht. Ich hätte ihn umarmen sollen, als er noch lebte. Ich hätte mehr mit ihm sprechen sollen, als wir zusammen im Krankenhaus lagen, aber jetzt gab es nichts mehr, was ich hätte tun können.

Manchmal höre ich noch heute dieses *Klopf!* und frage mich: *Warum bin ich immer noch hier?* All diese Kinder hätten es verdient, am Leben zu bleiben, aber sie sind nicht mehr am Leben.

30. Kapitel: Wasserfeen

Ich stand gegen die raue Rinde eines Baumes vor dem Sutherland-Sportzentrum gelehnt. Das sanfte Rauschen und Knarren der Gummibäume sowie mein jüngerer Bruder Matt leisteten mir Gesellschaft, während ich auf Mum, Dad, Danielle und meine Freunde wartete.

Gestern hatte der Assistenzarzt fünfzehn Anläufe gebraucht, um meine Lumbalpunktion hinzubekommen, und danach hatte man mir Vincristin in meinen Port injiziert, das nun durch meine Adern tobte. Es war ganz genau wie früher bei den Behandlungen als Kind. Sobald es injiziert wurde, richtete sich das Gift in meinen Adern häuslich ein und verteilte sich. Sein tödlicher Geschmack überflutete meinen Mund. Dieses Medikament war verantwortlich dafür, dass meine Hände und Füße ständig prickelten. Es sandte bösartige, lähmende Muskelkrämpfe durch meine Glieder. Ohne jede Vorwarnung schickte es Elektroschocks in mein Herz, das dann wie ein Querschläger unter meiner Haut hämmerte. Es peinigte mein Körperinnerstes mit wilden Schmerzen, doch ich ließ nicht zu, dass es mich komplett paralysierte. Ich weigerte mich einfach, schwach zu sein. Ich ließ mir nicht anmerken, welche Schmerzen ich durchstand.

Dr. Sue hatte mich gestern im Krankenhaus behalten wollen. »Nur ein oder zwei Tage«, hatte sie gesagt, doch wenn sie einen einmal in den Fängen hatten, blieb es nie bei ein oder zwei Tagen. Deswegen hatte ich ihr mitgeteilt, ich hätte Pläne für das Wochenende und würde nicht bleiben können.

»Was hast du denn vor?«, hatte sie sich erkundigt.

»Meine Freunde und meine Familie haben Tausende von Dollar an Spenden für das *Children's Cancer Institute of Australia* gesammelt, und morgen machen wir bei einem neunstündigen Splash-a-thon mit. Wir sind ein Team. Ich muss einfach dabei sein.«

»Wie hast du denn so viel Geld zusammengekriegt?«

»Mit dem ganzen Team, aber hauptsächlich mit meiner besten Freundin Debbie. Wir waren in jedem einzelnen Geschäft im Sutherland Shire, haben den Leuten erzählt, was wir machen, und dann haben uns alle Geld gegeben. Ich gehe davon aus, dass meine Glatze dabei eine Rolle gespielt hat.«

»Dann werde ich dir Panadeine Forte verschreiben müssen, damit du mit den Vincristin-Schmerzen zurechtkommst.«

Ich hatte das Gebäude mit energischen Schritten verlassen, und Mum war mir nachgelaufen.

»Mach langsam, Kirsty!«, hatte Mum mir nachgerufen, und ihre Stimme hatte in dem langen Flur gehallt, der in die Freiheit führte – nun ja, zuallererst führte der Flur auf den Parkplatz. »Wir müssen jetzt sowieso durch die Hauptverkehrszeit, da sind wir auch nicht schneller zu Hause, wenn du hier rumrennst!«

Mum hatte recht, doch trotzdem unterbrach ich meinen siegreichen Marschschritt zu den Aufzügen nicht.

Unter meinen Händen fühlte sich die Rinde des Baumes monströs an. Die weiche Rinde der *Ghost Gums* war mir viel lieber.

Zack!

Ein Vincristin-Geschoss traf meinen Körper. Ohne einen Laut klammerte ich mich an den Baum.

Danielle, Mum und Dad würden bald hier ankommen. Brett hatte sich diesmal fürs Zuhausebleiben entschieden. Auch meine Freunde würden jeden Moment eintreffen, und ich wusste, wenn es so weit war, würde gleichzeitig der Schmerz in meinem Körper auf unerklärliche Weise abnehmen, genau wie immer.

Matt sang vor sich hin, trat nach Zweigen und ging im Kreis um den Baum, an dem ich mich aufrecht hielt.

Durch die Betonwand der Schmerzen hindurch musste ich schmunzeln. »Ist das etwa ein Song von den *Spice Girls?*«

»Ja.«

»Geh doch da drüben schaukeln, wenn du dich langweilst.«

»Ich langweile mich nicht. Außerdem hat Mum gesagt, ich soll auf dich aufpassen. Sie hat gesagt, du mutest dir zu viel zu. Sie hat gesagt, du solltest dich nicht so pushen, und dass du immer zu viel machen willst, zur Schule gehen und so.«

»Was hat Mum denn noch über mich gesagt?«

Jetzt hielt Matt die Füße still. »Wirst du diesmal sterben?«

»Hat jemand zu dir gesagt, dass ich sterben werde?«

»Darüber reden *alle*. Mum sagt, *alle* Kids aus dem Krankenhaus, bei denen der Krebs wiederkommt, sterben. Alle.«

»Und was hast du zu Mum gesagt?«

»Ich habe Dad gefragt, ob du sterben wirst, weil Mum gesagt hat, dass diese ganzen anderen Kinder gestorben sind. Und da hat er gesagt, Mum weiß auch nicht alles.«

* * *

Als ich mich zum Schwimmen bereitmachte, donnerte ein Flugzeug durch die Federwolken am Himmel. Ich atmete die Mischung aus Bleichmittel, Chlor und Pommes mit ganz viel Salz und Essig ein. Debbies Mutter hatte für uns alle Tutus und Feenflügel aus Metallkleiderbügeln und Strumpfhosen gebastelt; die Strumpfhosen hatte sie eingefärbt und über die Kleiderbügel gespannt. Debbie hatte allen von uns eine Farbe zugeteilt. Mir Blau. Ben war Grün, und er übernahm die Feenrolle voller Hingabe. Am Abend vor dem Splash-a-thon hatte er sich das dunkle Haar gebleicht und es dann extra für heute knallgrün gefärbt. Er trug ein smaragdgrünes Hemd mit weißen Blumen, und der grüne Glitzerpuder von seinen Flügeln verteilte sich über seine sonnengebräunten Arme und Hände.

Jetzt war ich mit dem Schwimmen an der Reihe. Ich ließ meinen Körper ins Wasser fallen und schob mich energisch vorwärts, die Hände zusammengeführt und die Arme nach vorne ausgestreckt. Die Stille unter Wasser war wie eine feste Umarmung. Unter meinem marineblauen Mambo-Badeanzug tat mir der neue Port weh. Dieses Jahr kein Bikini für mich.

Mein Kopf kam wieder an die Wasseroberfläche, und der Lärm über Wasser dröhnte um mich herum. Ich verlegte mich aufs Brustschwimmen. Mit jedem Untertauchen verstummte die Menge. Mir fiel auf, dass die Begrenzungen zwischen den Bahnen nicht mehr so stark leuchteten wie letztes Jahr. Die Sonne hatte sie ausgebleicht.

Das Vincristin schickte mir einen Elektroschock durch den Körper, versetzte meinen Torso in Angst und Schrecken, während ich schwamm. Trotzdem hielt ich durch, immer weiter, hoch und runter, hoch und runter. Jane stand in ihrem schwarzen Badeanzug am Ende der Bahn. »Kirsty!«, rief sie mir zu. »Du bist schon seit Ewigkeiten da drin! Lass mich jetzt!«

Ich schüttelte den Kopf und schwamm weiter. Die Hände in die Hüften gestemmt, stand Jane eine Weile da, doch irgendwann rief sie. »Also gut! Dann bin ich gleich wieder da!«

Ich muss einfach weiterschwimmen. Wenn ich aufhöre, ende ich vielleicht wie Melissa, Matthew und die ganzen anderen Kids.

Ein Speer aus Schmerz durchbohrte plötzlich meine Wirbelsäule. Mir kamen die Tränen, und ich hielt kurz inne, um Wasser zu treten, schwamm dann jedoch weiter.

»Kirsty! Jetzt ist es über eine Stunde! Du solltest wirklich rauskommen!« Es war Debbie, die mir das zurief.

»Ich bin in Ordnung, Debs!«, log ich.

Warum wollen nur alle, dass ich aus dem Wasser komme? Warum kann ich nicht einfach für immer weiterschwimmen?

* * *

Auf der riesigen Uhr, die Wayne für den Countdown aufgestellt hatte, waren Stunden vergangen. Ich war inzwischen ein Krebsmädchen mit runzliger Haut, das vor Schmerzen gar nicht mehr geradeaus schauen konnte. Als ich mich dem flachen Ende des Pools näherte, hielt Danielle etwas hoch. Im nächsten Moment erkannte ich meinen lieben Freund, den ich so brauchte: das Panadeine Forte. Ich nickte Danielle zu. *Ich musste einfach aufhören zu schwimmen.*

Als ich meinen Körper aus dem Pool hievte, sprang Geoff unter vielen Spritzern hinein und fragte: »Du liebe Güte, Kirsty. Warum hast du das ganze Pensum an dich gerissen?«

Ich lasse nicht zu, dass ich schwach werde. Ich lasse nicht zu, dass der Schmerz mich aufhält.

Sobald ich das Wasser verließ, verbiss sich die Kälte in meine Haut. Jane schlug ein großes blaues Badetuch um mich, das sie im Sonnenschein für mich angewärmt hatte.

»Du musst jetzt deine Medikamente nehmen und etwas essen«, befahl mir Jane, während wir zu dem kleinen Grashügel gingen, auf dem sich meine Familie und meine Freunde niedergelassen hatten. Ich schluckte zwei Tabletten mit einer Dose Cola herunter. Die Opiate trugen mich sanft in ein euphorisches Gefühl der Seligkeit.

* * *

»Alle mal herhören!«, dröhnte Waynes Stimme. Die neun Stunden waren vorbei. »Unsere beiden Spitzenteams liegen Kopf an Kopf, was die Geldbeträge betrifft, die sie gesammelt haben. Wir brauchen einige Extraminuten, damit wir sicher sagen können, wer dieses Jahr gewonnen hat.«

Wir alle standen im Foyer des Sportzentrums und warteten gespannt auf die Ergebnisse. Debbie drückte mir die rechte Hand, Ben die linke.

»Ich hoffe wirklich, dass wir gewinnen«, meinte Debbie. »Wenn nicht, macht das aber auch nichts. Wir haben auf alle Fälle total viel Geld eingenommen.«

»Nein, wir gewinnen ganz bestimmt!«, sagte Ben. Er ließ meine Hand los, holte sein Portmonee hervor, zog einen einsamen Fünfzig-Dollar-Schein heraus. Dann schlenderte er zu Wayne hinüber, übergab ihm das Geld, kam zurück zu uns und nahm wieder meine Hand.

»Also gut«, rief Wayne. »Meine Damen und Herren, die Gewinner stehen fest, aber bevor ich verkünde, wer das ist, möchte ich Sie alle wissen lassen, dass wir dieses Jahr über vierzigtausend Dollar für das *Children's Cancer Institute of Australia* eingenommen haben. Das ist die höchste Summe, die bei dieser Veranstaltung jemals erreicht wurde.«

Lauter Jubel brach aus. Ben und Debbie drückten mir nur noch fester die Finger.

Jetzt sprach Wayne weiter: »Vor einigen Monaten habe ich eine junge Dame im Krankenhaus besucht, und sie hat zu mir gesagt, Wayne, die *Water Faeries* werden dieses Jahr den Splash-a-thon gewinnen. Und, Kirsty, wie es aussieht, gehörst du zu den jungen Damen, die meinen, was sie sagen. Dieses Jahr haben die *Water Faeries* gewonnen!« Wieder brandete Beifall auf, und Siegespfiffe hallten überall um mich herum. Heiße, salzige Tränen liefen mir die Wangen herunter, als mich Wayne zu sich bat. In seine Umarmung flüsterte ich: »Ich habe doch gesagt, wir werden gewinnen.«

Er überreichte mir einen riesigen, goldenen Pokal. Den trug ich zu meinem *Water Faeries*-Team hinüber. Jane nahm mir den Pokal ab und hielt ihn in die Luft. Dann hob Ben mich hoch, umarmte mich, stellte mich wieder auf den Boden, küsste mich auf den Kopf und sagte: »Du bist einfach nur unglaublich, Kirsty. Ich wünschte, du könntest dich selbst so sehen, wie ich dich sehe.«

31. Kapitel: Familienbande

Mein Körper versuchte, mir etwas mitzuteilen. Unbarmherzig summte und sirrte es in meinem Blut. Meine Knochen schrien mir förmlich etwas zu.

Darüber hinaus erlaubte Mum, dass Uncle Les zu Besuch kam. Sie war nie begeistert über Besuche ihres Bruders, deswegen konnte ich mir ausrechnen, warum er eine so seltene Einladung erhalten hatte.

Ich werde bald sterben.

Ich wusste, was alle sagten, wenn ich nicht dabei war – »Sie wird es nicht schaffen.« Ich schwebte durch die Gegend, als wäre ich bereits ein Geist. Ich fühlte mich wie in einem seltsamen Zwischenreich zwischen Leben und Tod. Dass nun Uncle Les zu Besuch kam, bestätigte nur, worauf mich mein Körper vorbereitete.

Als Uncle Les bei uns eintraf, umarmte ich ihn. Sein Haar war pechschwarz, und seine Haut hatte denselben Ton wie die von Matt. Er trug ein schwarzes T-Shirt mit der Flagge der Aborigines. Mum warf einen missbilligenden Blick darauf, dann ging sie in die Küche, um Tee für sich, Dad und Uncle Les zu machen. Sie stellte die Tassen und eine Packung Kekse auf den Esszimmertisch.

»Wie fühlst du dich denn, Liebling?«, erkundigte sich Uncle Les, und ein Schwall Zigarettengeruch kam aus seinem Mund.

Ich gab meine Standardantwort: »Ganz okay.«

»Sie überanstrengt sich, weil sie immer in die Schule gehen will, und einer ihrer Freunde aus dem Krankenhaus ist vor Kurzem gestorben.« Mums Stimme war extrem angespannt.

»Gehst du immer noch zum Gesangsunterricht und spielst Theater?«, wollte Uncle Les wissen. Überrascht stellte ich fest, dass meine Glatze ihn nicht abzulenken schien. Er schaute mir direkt in die Augen. Die meisten Leute schafften es nicht, den Blick nicht immer wieder auf meinen Kopf wandern zu lassen.

»Ja, wenn es irgendwie geht, gehe ich hin.«

»Wo ist denn Brett?«

»Brett!«, schrie Mum.

Brett kam aus seinem Zimmer geschlendert und gesellte sich zu uns ins Wohnzimmer. Dabei sprach er über alles Mögliche, nur nicht darüber, warum wir wirklich Besuch hatten. Er trug ein *Metallica*-T-Shirt und war ungewöhnlich charmant, als er Uncle Les die Hand schüttelte, nur um sich dann vier Kekse gleichzeitig in den Mund zu stecken.

»Wie läuft's denn mit dem Gitarrenunterricht?«, erkundigte sich Uncle Les bei Brett.

»Gut«, antwortete Brett, und dabei spuckte er Kokosflocken in alle Richtungen.

»Dann schnapp dir doch mal deine Gitarre und spiele was, bei dem Kirsty mitsingen kann.«

Brett hörte auf zu kauen.

Brett wird nie im Leben seine Gitarre holen und mit mir singen. Wir sind schließlich keine Familienband.

Brett ging davon, und ich wartete darauf, dass er seine Zimmertür zuschlagen würde. Mum und Dad nippten an ihrem Tee.

»Ich kann gar nicht glauben, wie sehr du deiner Mutter ähnlich siehst«, meinte Uncle Les.

Wirklich? Das hat noch nie jemand zu mir gesagt. Alle sehen immer nur die Oberfläche. Mum ist ein dunkler Typ, anders als ich, aber vielleicht sehen wir uns wirklich ähnlich …

Dann erschien Brett wieder, samt Gitarre und Plektron. Er setzte sich vor mich hin, fummelte an den Wirbeln herum, stimmte die Saiten und fuhr sachte über sie.

Ich starrte ihn an.

»*Save Tonight* von Eagle-Eye Cherry?«, fragte er mich, als er den letzten Keks herunterschluckte.

Überwältigt nickte ich Brett zu.

Er fuhr über die Saiten, und in diesem Moment verstummte das Schreien in meinen Knochen. Weil Brett wusste, dass ich den Einsatz für die erste Strophe brauchte, nickte er mir deutlich zu und schenkte mir ein warmes Lächeln. Wir sangen den ganzen Song zusammen, und obwohl wir das nie zuvor geübt hatten, machten wir keinen einzigen Fehler. Uncle Les lehnte sich in seinem Stuhl zurück, als hätte unser Gesang ihn völlig entspannt. Dads Lippen zitterten, und die Rötung seiner Augen ließ Tränen erahnen. Er senkte den Blick und spielte mit seiner leeren Teetasse herum. Mum stand auf und fing an, in der Küche herum zu räumen.

Obwohl ich nie eine besondere Nähe zu Brett empfunden habe, hat dieses Lied nun für immer einen Platz in meinem Herzen.

32. Kapitel: Besuch

My Place von Sally Morgan gehörte zu den Büchern, die ich für meine Abschlussprüfung im Englischkurs lesen musste. Wie sich herausstellte, war Sally Morgan mütterlicherseits Aborigine, hatte jedoch immer behauptet, Italienerin zu sein. Meine Mutter war also nicht die Erste gewesen, die ihren Kindern in Bezug auf ihre Herkunft nicht die Wahrheit gesagt hatte. Ich sehnte mich nach einem Beweis dafür, dass ich eine Indigene war. Ich wollte etwas Definitives. Ich wollte mehr, als dass die Mädchen aus der Kirinari-Pension mich »Schwester« nannten, mehr als eine Unterhaltung am Telefon mit Uncle Les, mehr als seinen Stolz, mit dem er die Aborigine-Flagge auf seinem T-Shirt zur Schau stellte. Ich wusste nicht genau, was ich wollte oder wie ich es bekommen sollte. Aber vorerst hatte ich Krebs, und die Abschlussprüfungen am Schuljahresende gaben mir genug zu tun.

Die Chemotherapie war weiterhin eifrig damit beschäftigt, mein Blut zugrunde zu richten, doch wenigstens hatte ich diesmal die Unterstützung von G-CSF (Granulozyten-Kolonie-stimulierenden Faktoren). Solche Injektionen hatte es noch nicht gegeben, als ich zum ersten Mal an Leukämie erkrankt war. Das Medikament war ein kluger Waffenbruder, zu dem ich eine große Zuneigung entwickelte. Es half den Blutkörperchen beim Wachsen, und mein armes Blut konnte weiß Gott so viel Unterstützung wie möglich gebrauchen. Den kleinen Spritzen mit G-CSF hatte ich es zu verdanken, dass ich bei meiner zweiten Therapie seltener rote Blutkörperchen und Blutplättchen als Transfusion brauchte. Außerdem durfte ich mir diese Injektionen selbst verabreichen. Dafür brauchte ich mir einfach nur nach der Chemotherapie zu Hause eine Spritze in den Oberschenkel zu geben. Es waren die schmerzlosesten Injektionen, die ich je bekommen hatte.

Wir bewahrten die Spritzen im Salatfach auf, an der wärmsten Stelle im ganzen Kühlschrank. So schlau war ich nicht von Anfang an gewesen. Als ich die Injektionen zum ersten Mal bekam, legte ich sie ins alleroberste Fach, neben die Milch, und so bildeten sich winzige Eiskristalle in der Flüssigkeit. Je kälter die Flüssigkeit bei einer Injektion ist, desto mehr brennt sie – man kann sich also vorstellen, wie weh die erste Spritze tat. Dad, ein praktisch veranlagter und kluger Mann, riet mir, ich solle sie ins Salatfach tun, denn das war ja extra dafür konstruiert, dass es dort niemals eiskalt wurde. Dann sollte ich die Spritze etwa zwanzig Minuten vor der Injektion herausnehmen.

Die Abschlussprüfungen rückten näher. Ich tat mein Bestes, zu lernen, die Chemotherapie durchzuhalten, nicht zu sterben und mir G-CSF zu verabreichen. So sehr mich dieses Medikament auch unterstützte, nicht immer wirkte es, und deswegen ließ Dr. Sue etwa drei Wochen vor den Prüfungen ein Blutbild erstellen, damit wir sicher wussten, dass ich auch fit genug für die Prüfungen war. Sie versprach, sie werde anrufen, wenn irgendetwas nicht in Ordnung wäre.

Der Tag meiner ersten Prüfung, der ersten Englischarbeit, brach an, und Dr. Sue hatte nicht angerufen. Mein Blut und mein Gehirn arbeiteten zusammen, und ich brachte die Klausur hinter mich.

Dann war die zweite Englischarbeit an der Reihe. Am Morgen erwachte ich mit hämmernden Kopfschmerzen, die mir die Augen zusammenquetschten und sie tränen und schmerzen ließen. Aber ich hatte seit meinem Rückfall fast täglich Kopfweh, deshalb würde ich trotzdem zur Prüfung gehen können.

Einige Minuten vor Beginn der Klausur nahm ich Panadeine Forte, doch das beeindruckte meine Kopfschmerzen nicht. Meine Hand bannte unzählige Wörter auf den Prüfungsbogen. Mein Herz galoppierte vor Aufregung, aber ich absolvierte ja auch gerade eine Abschlussprüfung und war entsprechend nervös.

Vielleicht kommen diese Kopfschmerzen ja nicht mal

von der Chemotherapie. Vielleicht ist es ja einfach nur Stress, wie bei den »normalen« Jugendlichen auch.

Im Laufe des zweistündigen Tests wurde meine Handschrift größer und unleserlicher. Ein entrücktes, träumerisches Gefühl überkam mich.

Das liegt bestimmt am Panadeine Forte.

»Legt bitte eure Stifte hin.«

Die Prüfung war vorbei, und ich hatte jede einzelne Frage beantwortet. Wie auf einer Wolke schwebte ich neben meinen Freunden, als wir zu unserem Lieblingsplatz bei den Basketballfeldern gingen, um etwas zu essen. Ich wühlte in meinem Rucksack nach meiner Wasserflasche und meinen Schmerztabletten. Inzwischen hielt der Kopfschmerz meine beiden Augenbälle wie zwischen geballten Fäusten. Ich schluckte zwei weitere Pillen. Ihr unangenehm metallischer Geschmack legte sich wie Schmutz auf meine Zunge und Kehle.

Ich zog einen Apfel hervor und hielt ihn hoch, damit einer meiner Freunde den Anfang machen konnte. Das waren sie längst gewohnt. Wegen der Chemotherapie hatte ich unerträgliche Kieferschmerzen, deswegen war der erste Biss in einen Apfel extrem unangenehm. Wenn ihn jemand für mich angebissen hatte, konnte ich den Rest mit ganz kleinen Bissen schaffen. Jake verdrehte die Augen, als ich den Apfel hochhielt. Irgendetwas an der Prozedur schien ihn immer zu ärgern. Ben biss kräftig in meinen Apfel.

»Hey! Jetzt ist ja nur noch die Hälfte übrig!«

Schulterzuckend und mit einem Grinsen in den Augen schaute mich Ben an.

Vorsichtig, wie ein Vögelchen, widmete ich mich Stückchen für Stückchen dem Apfel. Während ich kaute, schoss der Schmerz durch meinen Kiefer. Der Fruchtzucker brannte in meiner Mundhöhle und an meinem Gaumen, meine Mundgeschwüre und das blutende Zahnfleisch (weitere Gaben der Chemotherapie) wurden gereizt.

»Nimm du«, sagte ich zu Ben und reichte ihm den Apfel. »Ich kann den nicht essen.«

»Bist du sicher?«, fragte er.

»Ja, ganz sicher.«

Er nahm den Apfel und schlang ihn mit vier Bissen herunter. Eifersüchtig schaute ich zu, wie er ihn verzehrte, inklusive Kerngehäuse.

»Kirsty!« Aus einigen Metern Entfernung rief eine schrille Stimme nach mir. Sie gehörte Mum.

Das kann ja wohl nicht wahr sein. Total peinlich!

»Kirsty! Hol schnell deine Sachen. Wir müssen sofort ins Krankenhaus.« Sie packte mich am Arm und zog mich hoch.

»Warum denn? Was ist los?«

Auch meine Freunde schauten verblüfft drein.

»Du hast keine Blutplättchen! Dr. Sue hat angerufen. Du hast *überhaupt keine* Blutplättchen mehr!«

Was meinst du damit, keine Blutplättchen?

Ich hatte oft nur wenige Blutplättchen – sehr, sehr wenige –, aber gar keine? Das war noch nie passiert.

»Okay, okay«, gab ich betont locker zurück. Ich nahm meinen Rucksack, und Mum griff danach, um ihn für mich zu tragen. Sie marschierte los, ich folgte ihr und winkte im Gehen meinen Freunden zum Abschied zu.

»Hast du dich vor der Prüfung heute Morgen krank gefühlt?«, fragte mich Mum in angespanntem Ton. »Erschöpft oder schwach oder so?!«

Oh Mann, Mum ist richtig sauer.

»Irgendwie schon«, gab ich zu.

»Das ist eine ernste Sache, Kirsty. Du musst damit aufhören, dich immer weiter zu pushen. Ich weiß, du willst alles machen, was deine Freunde tun, aber du *bist* nicht wie deine Freunde.«

Moment mal … Sie ist gar nicht sauer. Sie hat Angst.

»Es tut mir leid, Mum. Ich wollte nicht, dass du dir meinetwegen Sorgen machst. Ich schwöre dir, heute Morgen habe ich nur gemerkt, dass ich Kopfweh habe, aber das ist ja meistens so, deswegen dachte ich nicht, dass ich mir Sorgen machen muss.«

Sie sprach auf dem ganzen Weg nach Randwick kein Wort mit mir. Nicht einmal Cher stellte sie an.

Wie hatte ich nicht merken können, dass ich überhaupt keine Plättchen mehr im Blut hatte? Wie um alles in der Welt hatte ich meine Englischprüfung schreiben können, obwohl meine Batterie völlig leer war? Wenn der Tod kommt, woher weiß ich dann, dass er da ist?

* * *

»Wie lange zittert sie schon so?«

»Seit gestern Abend.«

»Und seit wann kann sie nicht mehr richtig sprechen?«

»Sie hat schon vor ein paar Stunden ein bisschen stockend und verwaschen gesprochen, aber jetzt … Jetzt bekommt sie ja kaum noch ein Wort heraus.«

Dr. Sue und Mum sahen so besorgt aus, wie ich sie noch nie zuvor erlebt hatte.

Meine Hände, Arme und Beine zitterten und bebten unkontrolliert. Unbewusst hatte ich schon stundenlang versucht, meine Gliedmaßen zur Ruhe zu zwingen, doch mein Körper hörte nicht auf mich – stattdessen verlangte er, dass wir alle auf *ihn* hörten. Er wollte uns etwas mitteilen. Ich war bis obenhin mit Blutplättchen angefüllt und hatte geglaubt, ich könnte nach Hause, aber mein Körper und mein Gehirn waren häufig unterschiedlicher Meinung.

»Ich denke, am wahrscheinlichsten ist eine neurologische Reaktion auf eines der Medikamente«, verkündete Dr. Sue.

»Neurologisch?!« Mum riss die Augen auf. »Sie meinen, durch die Chemo ist was in ihrem Gehirn passiert?«

»Es sieht ganz danach aus«, bestätigte Dr. Sue. »Wahrscheinlich liegt es am Ara-C.«

Ara-C war nur eines der vielen Medikamente in der Chemomischung, die mir beim Überleben helfen sollten. Ara-C zwingt Krebszellen förmlich zum Selbstmord, aber natürlich zwingt es, wie alle Chemomedikamente, auch die gesunden Zellen dazu. Das Ara-C wurde meinem Körper durch Injektionen in den Oberschenkel zugeführt, die wie tausend Wespenstiche schmerzten.

Mit einer zitternden Hand griff ich nach Mum. Sie wusste, was ich sagen wollte, und sprach es für mich aus.

»Ihre Prüfungen laufen noch.«

»Kirsty, ich kann dich nirgendwo hinlassen«, erklärte Dr. Sue. »Wir müssen das Ara-C absetzen, aber dann muss ich herausfinden, womit wir es ersetzen können. Ich kann nicht mit Sicherheit sagen, was jetzt zu tun ist.«

Dr. Sue weiß nicht weiter. Scheiße.

»Wir geben dir jetzt etwas Valium, dann hört das Zittern hoffentlich auf oder wird zumindest schwächer.« Valium war ein Mittel zur Muskelentspannung, von dem man manchmal auch ganz euphorisch wurde. »Dass deine Sprache so beeinträchtigt ist, macht mir wirklich Sorgen. Ich werde über die Sache mit dem Ara-C eine Nacht schlafen müssen …«

»Nicht …«, brachte ich heraus.

»Versuch nicht zu sprechen, Liebes«, bat mich Mum. »Du musst dich jetzt entspannen.«

Ich grub tief in meinem Inneren. Irgendwo ist immer noch ein bisschen Kraft übrig, vorausgesetzt, man ist bereit, richtig danach zu graben. Ich brachte meinen Witz heraus. »Aber ohne Ara-C. Das wird Ihnen keinen guten Schlaf bescheren. Nur wehtun.« Durch meinen Witz verschwand die Angst aus Mums und Dr. Sues Gesichtern. Dr. Sue lachte sogar. Ich hatte sie noch nie zuvor lachen hören. Es war ein flattriges, angsterfülltes Lachen, aber trotzdem ein Lachen.

* * *

Einige Tage lang schwebte ich in einem Zitterzwischenreich – im wörtlichen und im übertragenen Sinne. Während das Ara-C allmählich meinen Körper verließ, überfielen mich immer wieder unkontrollierte Zitteranfälle, und ich konnte kaum mehr als ein Wort auf einmal herausbringen. Dr. Sue überlegte immer noch, was sie mit mir anstellen sollte. Wie würde sie die Behandlung fortsetzen, wenn wir das Ara-C aus der Medikamentenmischung herausnahmen?

Scott, der Pfleger mit den Piercings, kam mit Valium zur Muskelentspannung herein, um mir damit eine kurze Erholung von den Anfällen zu verschaffen.

»Hast du schon gehört?«, verkündete er. »Olivia Newton-John kommt morgen zu Besuch auf die Station.«

»Du liebe Zeit!«, rief Mum begeistert. »Das ist ja unglaublich. Kirsty und ich finden sie ganz großartig! Ist das nicht aufregend, Schatz?«

Jemanden treffen, den ich verehrte, während mein Gesicht voller roter Pickel war? Eine der begabtesten Frauen, die ich jemals auf der Bühne gesehen hatte, und sie würde dafür meinen Glatzkopf sehen? Sandy Olsson aus *Grease* treffen, während mein Leben ein wackliger Seiltanz über dem Abgrund des Todes war?

»Nein«, stieß ich hervor. Ich hielt mir die krampfenden Hände vors Gesicht. »Zu hässlich«, stammelte ich.

»Sie hatte doch selbst Krebs«, rief mir Mum ins Gedächtnis. »Ich denke, sie wird bei deinem Anblick mit keiner Wimper zucken. Du bist krank, und genau deswegen kommt sie auf die Station.«

Ich rollte mich auf dem Bett zusammen und hielt mir weiter die Hände vors Gesicht. »Nein«, wiederholte ich.

Durch das Valium verebbte das Zittern, deswegen bekam ich in dieser Nacht sogar ein wenig Schlaf.

* * *

Wenn Prominente – Schauspieler, Musiker oder Sportler – die Station besuchten, schienen die Eltern oft aufgeregter als wir Kinder. Die Mums und Dads stellten sich dann in eine Schlange, um im Elternbadezimmer zu duschen und sich umzuziehen. Weg mit den bequemen Trainingshosen, T-Shirts und Flipflops, und her mit den Jeans und den Blusen oder Hemden. Die Väter schütteten sich dann zu viel Rasierwasser ins Gesicht, und die Mütter teilten sich das wenige vorhandene Make-up. Meistens lief es darauf hinaus, dass sie alle denselben Lippenstift trugen.

Ich kam nie dahinter, wer dafür sorgte, dass diese ganzen Berühmtheiten unsere Welt betraten, doch wir alle hießen jede Ablenkung von der Realität willkommen.

Als Olivia Newton-John im Krankenhaus eintraf, wusste ich das sofort, denn das ganze Personal war plötzlich wie vom Erdboden verschluckt.

»Vorhang«, bellte ich Mum an. Ich wollte, dass sie den Vorhang rund um mein Bett schloss. Auf gar keinen Fall würde ich mich dem Star meines Lieblingsfilms, *Grease*, so zeigen.

Da betrat sie den Raum. Hinter meinem schützenden Vorhang hörte ich, wie die Eltern mit ihr sprachen.

»Können wir ein Autogramm bekommen?«

»Dürfen wir ein Foto machen?«

Ich konnte ihre engelsgleiche Stimme hören, allerdings flüsterte sie, sodass nicht zu verstehen war, was sie sagte.

Sie verbrachte ein paar Minuten mit jedem einzelnen Patienten im Zimmer und sprach auch mit allen Eltern, lauschte aufmerksam jeder einzigartigen Krebsgeschichte. Ich hörte sogar, wie sie mit einem Kind in einem Bett am Fenster Jenga spielte. Keine prominente Person hatte jemals so viel Zeit im Krebsland verbracht. Normalerweise kamen diese Leute mit ihrem Hofstaat hereingestürmt, machten ein Alibifoto mit jemandem, der eine Glatze hatte, und verschwanden dann so rasch wieder, wie sie gekommen waren. Einige Tage später erschien dann das Foto in einer Zeitung oder Zeitschrift.

Olivia Newton-John hingegen schien sich hier aufzuhalten, als hätte sie alle Zeit der Welt.

Dann hörte ich direkt vor dem Vorhang Sandys sanfte Stimme: »Gibt es da drinnen auch jemanden?«

Mum ging nach draußen und schloss den Vorhang hinter sich, sodass die schöne Frau mich nicht sehen konnte. »Guten Tag, ich heiße Jill«, begrüßte sie die Schauspielerin.

»Hi Jill, wie schön, Sie kennen zu lernen«, erwiderte Olivia. »Wie geht es Ihnen denn heute?«

»Nun … Ehrlich gesagt nicht so gut. Meine Tochter Kirsty hat einen Rückfall erlitten, sie ist zum zweiten Mal an Krebs erkrankt. Sie hätte eine Transplantation gebraucht, aber es gab keinen geeigneten Spender, deswegen mussten wir sie mit Chemo zuballern, aber jetzt hat sie eine neurologische Reaktion auf eines der Medikamente erlitten … Und nun wissen wir nicht, wie es weitergeht. Wir warten darauf, dass ihre Onkologin einen neuen Behandlungsplan entwickelt.«

»Das tut mir unglaublich leid.« Es klang, als wäre Olivia tatsächlich an meinem und Mums Schicksal interessiert. »Darf ich denn mit Kirsty sprechen?«

»Bitte nehmen Sie das nicht persönlich«, erklärte Mum. »Wenn sie nicht so krank wäre, wäre sie außer sich vor Freude über diese Begegnung, aber wegen der Steroide ist ihr Gesicht entstellt, und sie möchte nicht, dass Sie sie so sehen. Vielleicht könnten Sie ja einfach in meinem Krankenhaustagebuch unterschreiben?«

In ihrem Krankenhaustagebuch hielt Mum jeden

einzelnen Tag meiner Krebserkrankung fest: jede Tablette, die ich geschluckt, was und wann ich gegessen hatte, die Anrufe meiner Freunde … Alles.

Stille. Sicher unterschrieb Olivia gerade in Mums Tagebuch.

Ich hörte, wie sich der Vorhang ein ganz klein wenig öffnete und dann wieder schloss. Da nahm ich die Hände vom Gesicht und öffnete die Augen.

Olivia Newton-John befand sich etwa zwanzig Zentimeter von meiner hässlichen Erscheinung entfernt.

Rasch bedeckte ich das Gesicht wieder mit den Händen.

»Kirsty«, sagte Olivia.

Von der anderen Seite des Vorhangs rief Mum: »Sie kann im Moment nur schlecht sprechen, wegen der neurologischen Schäden, aber sie kann Sie hören.«

»Kirsty«, sagte Olivia wieder. »Meinst du, du könntest vielleicht ganz kurz die Augen aufmachen?«

Natürlich hätte ich das ganz unmöglich ablehnen können, deswegen öffnete ich die Augen und senkte die Hände, aber nur ganz wenig. Aus jedem meiner Augen fiel eine einzelne Träne. Das Salz brannte auf meiner Haut. Dann kamen ein paar weitere Tränen und bildeten eine kleine Pfütze auf meinem Kissen unter meinem rechten Auge.

Mit ihren weichen, geschmeidigen, nach Kokosnuss duftenden Händen zog mir Olivia Newton-John behutsam die Hände vom Gesicht. Sie sah aus, als wäre sie seit *Grease* keinen Tag gealtert. Sie trug ihr Haar in einem schicken blonden Bob, ihr Pony war perfekt und jedes einzelne Haar an seinem Platz. Ihre Augen leuchteten vor Mitgefühl. Niemand hatte mich jemals so angesehen wie sie. Weitere Tränen fielen. Ich konnte es einfach nicht verhindern. Sie saß mehrere Minuten bei mir und tupfte mir sanft mit einem Taschentuch die Tränen ab.

Ich konnte gar nicht glauben, dass ich gerade Olivia Newton-John begegnete und in ihrer Gegenwart weinte. Die ganze Zeit über sagte sie kein Wort, und zum Glück befand sich Mum auf der anderen Seite des Vorhangs, sonst hätte sie mich sicher an ihre »Nicht weinen«-Regel erinnert. Nach einer Weile schienen meine Tränen alle zu sein.

Gott sei Dank!

Ich wollte mir die Hände wieder vors Gesicht schlagen, doch Olivia hielt entschlossen meine Handgelenke fest und hinderte mich daran. Dann erhob sie die Stimme: »Du wirst das hier überstehen.« Ihre Worte waren wie ihre Hände, sanft und zugleich entschieden. Sie sagte wieder: »Kirsty, du wirst das hier überstehen.«

Zwar war sie die Schöne, aber es machte ihr überhaupt nichts aus, dem Biest aus nächster Nähe ins Gesicht zu sehen. Jake hielt gerne zwei Meter Abstand zu mir, weil er meinen Anblick so widerlich fand, aber hier war die schönste Frau, der ich je begegnet war, und sie war mir so nahe, dass ich sogar die Pfefferminzfrische ihres Atems riechen konnte. Sogar meine Hände hatte sie berührt, und das ohne Zögern.

»Du wirst das hier überstehen«, sagte sie zum dritten

und letzten Mal. Dann stand sie auf, küsste mich auf die Stirn und ging.

Vielleicht hatte sie ja recht. Vielleicht konnte ich es überstehen, und vielleicht musste ich aufhören, mir darüber Gedanken zu machen, wie ich wohl aussah.

Und in einer anderen Sache gab es überhaupt kein Vielleicht – Olivia Newton-John war die gütigste, mitfühlendste Besucherin, die jemals die Station betreten hatte. Wenn nur all unsere prominenten Gäste so gewesen wären wie sie.

* * *

Es dauerte Tage, bis das Zittern abebbte, und jetzt fand ich auch wieder Worte, aber wenn ich nicht langsam sprach und vorsichtig jede einzelne Silbe betonte, wurden sie unklar und verzerrt.

Dr. Sue ersetzte das Ara-C mit einer hohen Dosis zusätzlichem Methotrexat, und das erforderte mehr Lumbalpunktionen, mehr Tabletten und mehr Infusionen.

Ich verpasste zwei meiner Abschlussklausuren. Das bedeutete, ich würde meinen Schulabschluss nicht mit meinen Freunden feiern können und auch meine Noten nicht am selben Tag erhalten wie sie. Ich würde die Prüfungen, die ich verpasst hatte, im nächsten Jahr am Training College oder im Fernunterricht nachholen müssen. Trotzdem ging ich zur Abschlussfeier. Ich war die Beste in der Theatergruppe, Englisch und Geschichte des Altertums.

Das tat ich.

»Herzlichen Glückwunsch. Ich bin so stolz auf dich«, sagte er. »Jeder Mensch könnte stolz auf eine solche Note sein, aber sie zu erreichen, während man durchmacht, was du durchmachen musstest … Das ist außergewöhnlich. Was meinst du, was wird jetzt dein nächster Schritt?«

»Ich weiß es nicht, Dad«, gab ich zurück, und das stimmte auch wirklich. Ich hatte überhaupt keine Ahnung. Ich hatte nie darüber nachgedacht, was ich als Erwachsene beruflich tun wollte, denn ein Teil von mir hatte immer Angst gehabt, ich würde es nicht in die Welt der Erwachsenen schaffen. »Ich weiß, dass ich an die University of Sydney gehen will. Da habe ich mich für ein paar Fächer beworben. Vielleicht mache ich einen Bachelor of Arts, denn das bedeutet, ich kann alle möglichen Fächer wählen, und dann finde ich vielleicht heraus, was für eine Art Job ich will.« Ich erzählte weder ihm noch irgendjemandem sonst, dass ich nicht zu hundert Prozent zuversichtlich war, dass mein Körper in der Remission bleiben würde, und dass ich deswegen keinen Druck verspürte, wenn es um Karriereentscheidungen ging.

»Ich finde, das klingt nach einem guten Plan«, meinte Dad. »Mir hätte ein solches Studium auch sehr gefallen. Wir sehen uns dann am Abend, und da hältst du dann am besten eine Umarmung für mich bereit, geht das klar?«

»Geht klar, Dad.«

Als ich dann meine Fächerauswahl treffen musste, entschied ich mich für alles, was mir interessant erschien: Philosophie, Soziologie, Psychologie, Anthropologie, Englisch (natürlich) sowie Schauspiel und Aborigine-Studien. Vielleicht wollte mir Mum nichts über unsere Vorfahren unter den Indigenen erzählen, aber ganz bestimmt hätte eine der besten Universitäten Australiens die Information für mich, die ich benötigte.

***

Vor dem Studienbeginn gab es noch eine einzige weitere Spendenveranstaltung, an der ich teilnehmen musste. Aber die war ein wenig anders als alle anderen. *Ich* hatte sie organisiert.

Meine Familie und ich nannten das Ganze *Kirstys Chemoabschlussparty*. Für die Teilnahme musste man einen geringen Betrag bezahlen, und der ging dann an das *Children's Cancer Institute of Australia*. Wir buchten uns einen Raum zum Feiern mit einer Bar und mieteten einen DJ. Wir luden alle ein, die wir kannten: Sie sollten mit uns essen, trinken und daran denken, dass ich zwar verkörperte, was für viele der schlimmste Albtraum war, dass ich aber auch bewiesen hatte, dass man das Unmögliche erreichen konnte. Als personifiziertes Wunder hatte man ja wohl Grund zum Feiern.

***

Ich war auf dem Weg in die Koori Centre Library im Old Teachers' College an der University of Sydney, von den Bogenfenstern aus schrien mir die Elstern etwas zu. Meine Flipflops klatschten mir an die Fußsohlen, während ich nervös an einer Strähne meines schulterlangen, blonden Haars zupfte. Manchmal musste ich mir ins Gedächtnis rufen, dass ich kein glatzköpfiger Freak mehr war. Hektisch kaute ich auf einem Pfefferminzkaugummi herum. Noch immer kehrte hin und wieder der Geschmack der Chemotabletten oder das Aceton des Vincristin zurück.

Ich fühlte mich, als hätte alles, was ich hatte durchmachen müssen, meine Sinne geschärft – oder hatte ich einfach gelernt, das Leben mehr zu schätzen? Sahen die grünen Wipfel der Bäume vor dem klarblauen Himmel für alle so lebendig aus? Fiel irgendjemandem außer mir der herrliche Duft auf, der zurückblieb, nachdem jemand das Gras gemäht hatte? Fühlte sich die wächserne Schale eines Pink-Lady-Apfels für alle so gut auf der Haut an wie für mich?

Grillen zirpten fröhlich in meinem Bauch, während ich im Old Teachers' College nach der Bibliothek suchte. Ich entschied mich dafür, zuerst zur Toilette zu gehen und dann meine Suche fortzusetzen.

Als ich mir gerade die Hände wusch, verließ eine junge Frau eine Kabine und stellte sich an das Waschbecken neben mir. Ich lächelte sie im Spiegel an, und sie lächelte zurück, als wüsste sie etwas Peinliches über mich. Der Schalk strahlte nur so aus ihren braunen Augen. Ich schaute auf meine entsetzlich weißen Arme herunter. Auf die Arme eines jungen Mädchens, das den Tod aus nächster Nähe kannte. Ihre gesunden Arme hingegen hatten dieselbe Farbe wie die von Matt und Mum.

Sie strahlte mich immer weiter an, deswegen sagte ich: »Hey.«

»Hey, Schwester. Ich muss schon sagen, du siehst entschieden besser aus als bei unserer letzten Begegnung auf dem Schulklo.«

Ich kannte diese junge Frau. »Ach du liebe Zeit! Du warst an meiner Highschool! Daisy heißt du.«

»Stimmt.«

»Und du warst total in Tyson verknallt!«

Als Daisy diesen Namen hörte, lachte sie auf, tief aus dem Bauch heraus.

»Ja, na ja, das war auch der heißeste Blackfella im Kirinari-Hostel. Wir Mädchen waren alle in den verknallt. Was machst du denn hier?«

»Ich bin auf dem Weg in die Koori Centre Library. Ich mache einen Bachelor of Arts, und Aborigine-Studien gehören zu meinen Fächern.«

»Cool! Ich mache auch Geisteswissenschaften. Soll ich dir zeigen, wo die Bibliothek ist, Schwester?«

»Ja, das wäre großartig.«

Es war die kleinste Bibliothek, die ich je gesehen hatte. Die Bücher erstreckten sich vom Boden bis zur Decke. Die Tische und Stühle beherbergten ganze Stapel.

Wie soll ich denn hier irgendetwas finden – vor allem, wenn ich noch nicht mal weiß, wonach ich überhaupt suche?

Dann fiel mir ein knallgelbes Buch ganz oben auf einem Stapel ins Auge. Auf dem Umschlag waren alte Schwarz-Weiß-Fotos abgebildet. Eines davon erkannte ich. Ich hatte es schon einmal gesehen, als ich Mums geheime Sammlung durchsucht hatte. Es war ein Foto der Großmutter meiner Mutter. Sie sah genauso aus wie meine eigene Großmutter: Mums Mutter, die lange vor meiner Geburt gestorben war. Ich nahm das Buch in die Hand. Es hieß *The Darug and their Neighbours* und war von James Kohen.

»Was ist denn?«, wollte Daisy wissen.

»Das da ist meine Urgroßmutter.«

Hektisch blätterte ich die Seiten um. Das Buch enthielt die Namen all meiner Vorfahren, einer nach dem anderen war dort aufgelistet. In meinem Inneren breitete sich ein unbändiges Gefühl der Freude aus, als ich Seite 156 erreichte. Ganz oben prangte: »Kirsty Everett«.

»Unglaublich! Da steht mein Name.«

»Warum bist du jetzt überrascht, Schwester?«

»Ich weiß es nicht.«

»Aber du wusstest doch bestimmt, dass du eine Koori bist. Das haben wir dir doch gesagt! Jetzt kann deine Mum das nicht mehr abstreiten, denke ich.«

»Na ja … Das kann sie, und das wird sie wahrscheinlich auch tun.«

»Wer weiß. Vielleicht ändert sie ihre Einstellung ja eines Tages. Sag niemals nie, Schwester. Man weiß nie, was alles möglich ist.

»Ja … Du hast recht. Vielleicht ist *wirklich* alles möglich.«

* * *

Mum, Dad und ich betraten das rote Gebäude, in dem sich das Belvoir Street Theatre befand. Ich war einundzwanzig Jahre alt, hatte zweimal den Krebs überlebt und studierte. Das war nicht unser erster Besuch; wir befanden uns in unserem Lieblingstheater in Sydney. Unten war ich ein paarmal aufgetreten, und wir hatten hier alle möglichen Aufführungen besucht, während ich zum zweiten Mal eine Chemotherapie machte. Fantasie, Kunst, Kreativität – welcher Begriff einem auch am besten geeignet erscheint, ich gehe davon aus, dass dieses Phänomen beide Male eine Rolle bei meiner Genesung gespielt hat. Bücher, die ich gelesen, Kunstwerke, die ich gesehen habe, und Aufführungen, die ich als Zuschauerin oder auf der Bühne miterleben durfte; sie alle erlaubten mir eine Flucht aus dem Reich von Krebs und Tod. Die Brillanz von Autoren, Künstlern, Musikern und Schauspielern auf der Bühne oder der Leinwand lenkte mich vom Schmerz ab – manchmal ermöglichte sie mir sogar, den Schmerz auszudrücken. Bei Liedern musste ich manchmal weinen – das verbarg ich dann immer vor Mum –, und Lieder gaben mir auch Kraft, erfüllten mich mit Optimismus und schenkten mir das Gefühl, ich könnte so stark werden wie eine Kriegerprinzessin im antiken Sparta.

Doch heute nutzten Dad und ich das Theater für einen anderen Zweck.

»Wie heißt dieses Stück noch mal?« Ohne Bedenken hatte Mum es mir überlassen, das Stück auszusuchen, das wir drei uns an diesem Samstagnachmittag ansehen wollten.

»*Box the Pony*. Ein Einpersonenstück. Die Schauspielerin heißt Leah Purcell, und das Stück basiert auf ihrer Lebensgeschichte. Sie war auch am Skript beteiligt. Sie hatte ein interessantes Leben. Ihr Vater war Boxer, glaube ich.« Beim Sprechen spannte ich unwillkürlich die Schultern ein wenig an. Weil ich nervös war, verstärkte das Adrenalin meinen Blutdruck.

»Klingt gut«, meinte Mum.

Dad und ich tauschten einen raschen Blick.

Wir nahmen unsere Plätze ein, die sich nur zwei Meter von der kleinen Bühne entfernt befanden. Einer der Gründe, warum ich dieses Theater so mochte, bestand darin, dass man den Schauspielern so nahe war; und weil die Sitzplätze nach oben hin anstiegen, konnte auch niemand im Publikum mir die Sicht versperren (weil ich so klein war, kam das häufig vor). Die Lichter verloschen langsam, und dann leuchteten sie wieder auf, als die großartige Leah Purcell allein die Bühne betrat.

Während der nächsten beiden Stunden erzählte uns Leah verschiedene Geschichten aus ihrem Leben und über ihre Angehörigen, die als Aborigines in einer Mission in Queensland aufgewachsen waren. Das Publikum hing an ihren Lippen. Kein Wort ließen wir uns entgehen. Wir ließen uns von den fließenden Bewegungen ihres Körpers hypnotisieren. Wir alle hätten ohne Weiteres noch zwei Stunden länger zuschauen können.

Als sich Leah nach der Vorstellung verbeugte, flippte das Publikum regelrecht aus. Der Applaus wollte einfach nicht enden. Eine Kraft jenseits meiner Kontrolle ließ mich aufstehen, dann formte ich einen Trichter um meinen Mund und jubelte los. Ich klatschte immer weiter, so heftig, dass mir die Hände wehtaten, aber das war mir egal. Dann erhob sich auch Dad. Er steckte sich Daumen und Zeigefinger in den Mund und ließ ein paar laute Pfiffe ertönen. Nach und nach erhoben sich auch andere Leute im Zuschauerraum. In Leah Purcells Augen glänzten Tränen. Mum blieb weiter sitzen. Irgendwann verließ Leah die Bühne. Der Applaus erklang weiter und verstummte dann langsam. Als Nächstes wurden alle Lichter auf der Bühne angeschaltet, und es gab eine Ankündigung: »Meine Damen und Herren, vielen Dank, dass Sie heute Nachmittag der Aufführung von *Box the Pony* beigewohnt haben. Leah hat jetzt ein wenig Zeit, um draußen ihr Publikum zu begrüßen, bevor sie sich wieder auf ihre Abendshow vorbereitet. Wenn Sie ihr kurz Hallo sagen möchten, bleiben Sie bitte einfach noch hier.«

»Mum! Das müssen wir unbedingt machen«, drängte ich. »Vielleicht lernen wir sie ja kennen!«

»Also gut«, sagte Mum.

Ich war erstaunt, weil sie überhaupt nicht protestierte.

***

»Hey, Schwester, warst du die junge Dame, die als Erste im Publikum aufgestanden ist?«

Ich konnte es gar nicht fassen. Leah Purcell stand direkt vor mir und sprach mit mir. Fast hätte ich ihr nicht antworten können.

»Ja, das war ich«, gab ich verlegen zurück, während mein Inneres vor Glück explodierte. »Das hier sind meine Mum und mein Dad.«

Sie schüttelte Dad die Hand.

»Das war ganz großartig«, sagte Dad, und dabei schien er zu erröten.

»Ach, danke. Ich freue mich, dass es Ihnen gefallen hat. Und deine Mutter« – bei diesen Worten ergriff Leah Mums Hand und schüttelte sie ebenfalls. »Wie fanden Sie die Show?«

»Oh, Sie waren einfach großartig. Ich weiß gar nicht, wie Sie sich den ganzen Text merken«, erwiderte Mum.

Leah lachte. »Das kann ich manchmal selbst nicht sagen«, gab sie zu.

»Wissen Sie, ich bin auch eine Aborigine«, erzählte Mum. Die lauten Geräusche aus dem überfüllten Foyer verstummten, und in meinen Ohren erklang ein schriller Klingelton. Ich spürte, wie Dad nach meiner Hand fasste. Mein Herz klopfte wie wild.

Sie hat es zugegeben. Ich kann es gar nicht glauben. Endlich hat Mum zugegeben, dass sie indigen ist.

»Ja, das habe ich mir gedacht«, meinte Leah. »Sie und Ihre Tochter sehen sich ähnlich.«

Genau das hat Uncle Les auch gesagt!

»So, ich muss mich jetzt auf die Abendshow vorbereiten, aber danke, dass Sie heute Nachmittag gekommen sind, und ich freue mich sehr, dass es Ihnen gefallen hat.« Nach diesen Worten verschwand sie. Ich brauchte einen Moment, bis ich wieder alles gut hören konnte.

»Wollen wir uns auf den Heimweg machen?«, fragte Dad. Ich konnte nur nicken.

Ich hatte tausend Fragen an Mum, aber ich wollte sie nicht heute damit überfallen. Es fühlte sich so an, als wäre mir ein Felsbrocken abgenommen worden, der mir jahrelang die Lungen zerquetscht hatte. Auf der Heimfahrt hörte ich Mums Worte immer wieder in meinem Kopf: »Wissen Sie, ich bin auch eine Aborigine.«

So wie ich. Ich bin eine Aborigine. Ich bin eine blonde, blauäugige Aborigine, die zwei Krebserkrankungen überlebt hat, und das Leben könnte gar nicht besser sein.

Epilog: Das Leben nach dem Krebs

»Wann hat man denn bei Ihnen das letzte Mal ein Blutbild gemacht?«, erkundigte sich Dr. John Glenburn.

Ich zuckte die Schultern. »Weiß ich nicht mehr.«

»Und wann waren Sie zum letzten Mal bei Dr. Sue Russell?«

»Das weiß ich auch nicht mehr. Ich glaube, ich habe einfach gedacht, wenn es so wichtig wäre, würde man anrufen und darauf bestehen, dass ich einen Termin vereinbare.«

Der Arzt schüttelte den Kopf, aber er war nicht böse mit mir. Dr. John Glenburn, den ich mit Vorliebe »Johnny boy« nenne, ist mein Hausarzt. Er gehört zu den besten Medizinern, die ich kenne. Er spielt Gitarre und trägt in der Praxis bunte Socken ohne Schuhe, aber das Allerbeste an ihm ist sein unglaubliches Einfühlungsvermögen. Er ist einer der wenigen Menschen, die einen Weg gefunden haben, ihren Job zu erledigen und dabei einen stark ausgeprägten, zugewandten Sinn für Menschlichkeit zu behalten – diese Charaktereigenschaft hat den Assistenzärzten, denen ich als Kind begegnet bin, so oft gefehlt.

Er ist fünfzig Jahre alt, könnte aber ohne Weiteres für vierzig durchgehen. In seinem Büro gibt es Fotografien, auf denen er auf Riesenwellen surft. Wann immer ich im Wartezimmer sitze, hocken da auch ein paar ältere Damen und sprechen über ihn. Ich erzähle ihm dann gern, was sie über ihn sagen: »Ist Dr. Glenburns schottischer Akzent nicht sexy?« Er wird dann immer rot, grinst und sagt: »Ja, bei älteren Damen bin ich sehr beliebt.« Dann räuspert er sich und fährt fort: »Also schön, wie wär's dieses Jahr mit einem Blutbild?«

»Wenn Sie meinen. Ich habe nichts dagegen.«

»Gibt es irgendetwas, weswegen Sie sich Sorgen machen? Wie sieht es mit der Migräne und den Rückenschmerzen aus?«

»Ich habe keine Angst davor, wieder Krebs zu bekommen, wenn Sie das meinen. Und die Migräne und die Rückenschmerzen … Die sind unangenehm, aber ich kann damit leben. Ich bin lieber am Leben und habe hin und wieder Schmerzen, als dass ich tot bin. Ich denke, der Schmerz ist ein niedriger Preis, und es ist ja auch nicht erstaunlich, dass ich ihn habe … Schließlich hat man mich mit Drogen nur so vollgepumpt, um mich am Leben zu halten. Dass ich hin und wieder Migräne bekomme und sich meine Wirbelsäule anfühlt, als hätte jemand mit dem Vorschlaghammer draufgehauen – damit kann ich schon umgehen.«

»Okay, dann nehmen wir Ihnen einfach ein wenig Blut ab.« Er druckte das blaue Formular aus, und ich las, was in schwarzen Buchstaben darauf stand:

Gr. B. mit LFT

Begründung: Rezidivierende ALL

»Gr. B.« steht für »Großes Blutbild« und »LFT« für »Leberfunktionstest«. »ALL« steht für »Akute Lymphatische Leukämie«.

Ich konnte gar nicht fassen, dass sich meine Krankheitsgeschichte in einem Wort und einem Akronym zusammenfassen ließ.

Das Blutbild stellte sich als normal heraus, und damit hatte ich auch fest gerechnet. Doch obwohl die Testergebnisse »normal« waren, wusste ich, dass Blut nicht immer die Wahrheit sagt.

Manchmal fühle ich mich nicht wie ein »normaler« Mensch, aber ich habe herausgefunden, dass es den meisten Leuten so geht. Das Wort »normal« mag ich wahrscheinlich von allen Wörtern am wenigsten, weil ich nicht glaube, dass ein »Normal« existiert, und »normal« sein zu wollen scheint vielen Leuten eine ganze Menge Kummer zu bereiten. Wenn es um ein Blutbild geht, wunderbar – ansonsten kann sich das Wort »normal« von mir aus gern in irgendeine Ecke verkriechen, weit weg von mir und allen anderen, die es quält.

***

»Heute fangen wir mit unserer Einheit über einen der größten Schriftsteller und eines der besten Theaterstücke an, die je geschrieben wurden«, verkündete ich vor meiner Klasse.

»*Macbeth* von William Shakespeare. Es gibt eine Menge Leute, die sagen, sie mögen Shakespeare nicht, aber das liegt nur daran, dass sie Shakespeare nicht verstehen. Ich verspreche euch, wenn ihr ihn versteht – und ich werde euch zeigen, wie das geht –, ist es sehr unwahrscheinlich, dass ihr ihn nicht mögen werdet. Außerdem lernen wir dabei, wie man Aufsätze schreibt.«

»Ach, Miss … Bitte keine Aufsätze«, rief einer der Schüler meiner neunten Klasse gequält.

»Aufsätze sind genau wie Shakespeare: Leute, die sie nicht mögen, wissen meistens nicht, wie man sie schreibt. Sie sind gar nicht so schlimm, wie alle denken. Ich werde euch zeigen, wie ich das an der Schule und an der Uni gemacht habe, und ihr wisst ja, ich habe das ziemlich gut drauf. Wenn ihr also meinen Anweisungen folgt, könnt ihr richtig gute Noten bekommen.«

Ich teilte meine *Macbeth*-Exemplare aus. »Vor allem müsst ihr immer daran denken, dass Shakespeares Stücke für die Bühne gedacht sind. Man soll sie nicht allein lesen, und auch nicht im Sitzen. Man muss aufstehen und die Worte ausagieren.«

»Hey, Miss, warum sind Sie so begeistert von diesem Kram?«

»Weil Wörter etwas Magisches haben. Wenn man nicht gern liest, verpasst man etwas ganz Besonderes. Und jetzt brauche ich drei Freiwillige für die erste Szene von *Macbeth*. Los geht's!«

Danksagung

Ich möchte meinem unglaublichen Ehemann danken, meinem Geliebten in vielen Lebensphasen und auch in dieser: Benjamin Malesev. Er hat mir meinen ersten Laptop geschenkt, und das im unerschütterlichen Glauben daran, dass ich dieses Buch würde schreiben können. Nie im Leben hätte ich dieses Projekt ohne ihn geschafft. Ich danke dir so sehr, mein Liebling.

Auch seinen Eltern möchte ich danken, Annette und Steve Malesev, den besten Schwiegereltern, die man sich nur wünschen kann. Sie haben mich während dieses gesamten Prozesses an der Seite ihres großartigen Sohnes unterstützt, und ich fühle mich privilegiert und gesegnet, weil ich in diese Familie eingeheiratet habe.

Danke auch an Patti Miller und das »NSW Writers' Centre«. Patti, du hast mir als Allererste gesagt, dass ich ein Buch schreiben sollte und dass ich das auch kann. Ich bin überglücklich darüber, dass du recht hattest.

Ich möchte Caroline Baum danken, weil sie meinen Text als Erste gelesen und mir gesagt hat, ich sei eine Schriftstellerin. Außerdem hat sie mich inoffiziell durch das Labyrinth des Publizierens einer Autobiografie geführt.

Ich möchte meiner Agentin Jeanne Ryckmans danken, meiner Verlegerin Mary Rennie, einer der coolsten »Normies«, denen ich je begegnet bin, und HarperCollins. Danke, dass ihr an mich und meine Arbeit geglaubt und mir dabei geholfen habt, eines der wichtigsten Dinge auf meiner Bucket List abzuhaken.

Danke an das *Children's Cancer Institute of Australia* für seine unermüdliche Arbeit, und an Dr. Sue Russell, die meinen Körper am Leben erhalten hat, obwohl die Chancen nicht nur ein Mal alles andere als gut standen.

Zuletzt ein Wort an den Krebs: Du bist viel schlimmer als nur ein Arschloch, und man sollte dich nie als Geschenk bezeichnen – *Fuck you* und danke.

Eine Frau auf der Suche nach ihrem wahren Selbst

Christina Rickardsson
IMMER WEITER GEHEN
Wie ich in einer Höhle aufwuchs und bei meiner Adoptivfamilie ein neues Zuhause fand
Aus dem amerikanischen Englisch von Valérie Thieme
272 Seiten
ISBN 978-3-404-61712-8

Christina erlebte eine zerrissene Kindheit: Sieben Jahre lebte sie mit ihrer Mutter in den Waldhöhlen vor São Paulo - bitterarm, inmitten der Natur, aber getragen von der Liebe ihrer lebensklugen Mutter. Doch dann kamen die Landbesitzer und vertrieben sie, ein harter Überlebenskampf auf den Straßen der großen Stadt begann. Christina musste Unfassbares mitansehen, war nie sicher, erlitt Hunger und Not. Als ihre Mutter plötzlich verschwand, wurden Christina und ihr kleiner Bruder, noch ein Kleinkind, zur Adoption freigegeben: Eine neue Familie, eine neue Sprache, ein neues Leben in Europa begann ...

Lübbe

Außenseiterin in der eigenen Familie

Esther Kurfürst-Mantei
NICHT MEINES VATERS KIND
Wie ich nach langer Suche endlich meine Wurzeln und mich selbst fand

224 Seiten
ISBN 978-3-404-61726-5

Mit dreizehn Jahren erlebt Esther den Schock ihres Lebens. Ein Schulfreund sagt völlig unvermittelt: »Weißt du eigentlich, dass dein Vater nicht dein richtiger Vater ist?« Endlich begreift sie, weshalb ihr jüngerer Bruder stets vorgezogen wird, sie so anders aussieht und sich nicht ganz zugehörig fühlt. Natürlich möchte Esther nun die ganze Wahrheit wissen, aber die Mutter schweigt. Und so beginnt ein jahrelanger Kampf: um Liebe, Anerkennung und das Wissen um die eigenen Wurzeln. Denn nur so kann Esther inneren Frieden finden.

Lübbe